VICTOR HUGO

en images

…RIS — LIBRAIRIE LAROUSSE

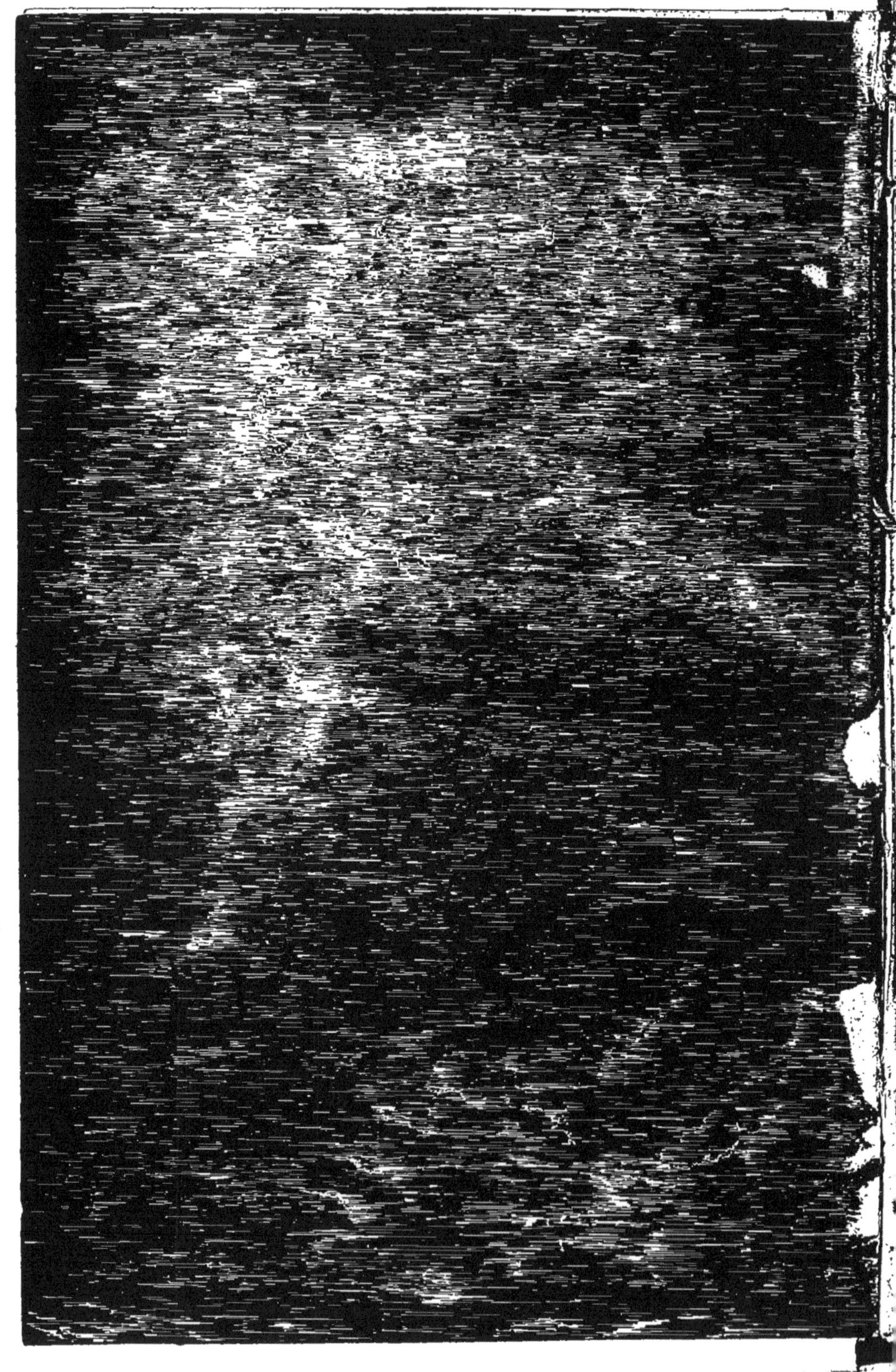

VICTOR HUGO
en images

VICTOR HUGO
en images

PORTRAITS DE VICTOR HUGO. — HABITATIONS ET MOBILIER. — DESSINS ET AUTOGRAPHES. — VICTOR HUGO VU PAR LES ARTISTES. — ŒUVRES DE VICTOR HUGO PAR L'IMAGE (POÉSIE. — ROMAN. — THÉATRE). — VICTOR HUGO EN CARICATURES. — OPINIONS SUR VICTOR HUGO (AUTOGRAPHES).

69 Gravures.

PARIS — LIBRAIRIE LAROUSSE

17, RUE MONTPARNASSE — SUCCURSALE : 58, RUE DES ÉCOLES

PORTRAITS DE VICTOR HUGO

Victor HUGO à l'âge de 17 ans. — Aquarelle de Legénisel, 1819.
(Ce portrait a figuré à l'Exposition de l'enfance de Paris.)

Victor Marie Hugo, qui devait être un des plus grands poètes lyriques de tous les temps, naquit à Besançon le 26 février 1802. Son grand-père, Joseph Hugo, fils d'un cultivateur, exerçait la profession de menuisier à Nancy. Marié deux fois, il avait eu douze enfants, sept filles et cinq fils. Un d'eux, Joseph-Léopold-Sigisbert Hugo, né à Nancy en 1773, s'engagea très jeune et servit à l'armée du Rhin et en Vendée. Il était officier lorsqu'il épousa à Nantes, le 15 novembre 1797, la fille d'un armateur, Mlle Sophie-Françoise Trébuchet. De ce mariage il eut trois fils : Abel, né en 1798, mort en 1855; Eugène, né en 1800, mort en 1837; et Victor, qui devait illustrer son nom.

L'enfant n'avait pas deux mois lorsque son père, alors chef de bataillon de la 4e demi-brigade, reçut l'ordre de quitter Besançon et de se rendre en Corse, d'où il passa ensuite à l'île d'Elbe. Il emmena avec lui sa femme et ses enfants, qui habitèrent Bastia et Porto-Ferrajo jusqu'en 1805. Sigisbert Hugo, ayant été rappelé alors sur le continent, envoya sa famille à Paris, où elle resta près de deux ans. Pendant ce temps, Sigisbert s'était lié avec Joseph Bonaparte, qui, devenu roi de Naples en 1806, l'avait emmené avec lui et lui avait conféré le grade de colonel. En 1807, il fit venir à Naples sa femme et ses fils. Mais en 1808, Joseph ayant été mis par Napoléon sur le trône d'Espagne, Sigisbert Hugo dut le suivre et renvoya sa famille à Paris. Mme Hugo alla habiter alors près du Val-de-Grâce l'ancien couvent des Feuillantines, où les enfants pouvaient jouer librement dans un immense jardin. Victor, qui avait six ans, reçut avec ses frères des leçons d'un ancien prêtre marié, Larivière, excellent latiniste, qui lui apprit à aimer Virgile. Il continua ainsi des études peu suivies jusqu'en 1811. Cette année, son père, devenu général et majordome du roi, appela sa femme et ses enfants en Espagne. Malgré son extrême jeunesse, Victor Hugo fut vivement impressionné par ce qu'il vit alors, et son imagination colorée et vibrante en conserva l'ineffaçable empreinte. La situation devint tellement grave en Espagne que le général Hugo, au printemps de 1812, fit repartir pour la France sa femme et deux de ses fils; il conserva auprès de lui l'aîné, Abel, qui entra aux pages et devint, l'année suivante, son aide de camp. Revenue à Paris avec Eugène et Victor, Mme Hugo reprit son habitation des Feuillantines, où elle recevait fréquemment la famille Foucher. Ce fut alors que Victor commença à jouer dans le grand jardin avec la petite Adèle Foucher et que commença l'idylle enfantine qui devait se terminer par un mariage. En 1813, le jardin des Feuillantines ayant été exproprié, Mme Hugo alla habiter rue du Cherche-Midi, tout près de l'hôtel des conseils de guerre où logeait M. Pierre Foucher, chef de bureau à la Guerre, ce qui rendit plus fréquentes encore les relations des deux familles. Si Victor étudiait peu, il se livrait à une lecture acharnée, dévorant les livres pris au hasard par sa mère dans un cabinet de lecture, les œuvres de

Victor HUGO à 27 ans.
D'après une lithographie de 1830.

Voltaire et de Rousseau, Diderot, les voyages du capitaine Cook, et d'autres.

Cependant les événements tragiques se succédaient : après les désastres de la campagne de Russie, l'évacuation de l'Espagne. Revenu en France en 1813, le général Hugo demanda à rentrer dans l'armée. On ne voulut d'abord le réintégrer qu'avec son ancien grade de major. Toutefois il fut nommé peu après commandant de la place de Thionville, qu'il défendit avec la plus grande énergie pendant l'invasion. En 1814, il fit acte d'adhésion à Louis XVIII et fut confirmé dans le grade de maréchal de camp. Cette même année, à la suite de graves dissentiments, il se sépara complètement de sa femme et alla habiter Blois. Voulant que ses fils Eugène et Victor entrassent à l'École polytechnique, il les mit dans la pension Cordier et Decotte, où ils restèrent jusqu'en 1818, en suivant les cours du collège Louis-le-Grand.

A partir de 1815, Victor Hugo fit beaucoup de mathématiques, mais il fit surtout des vers. Il écrivit des odes, des satires, des épîtres, des élégies, un poème sur le déluge, des tragédies, un drame et acquit ainsi un véritable talent de versificateur, selon le goût et les formules du temps. L'auteur du *Génie du christianisme* lui inspirait la plus vive admiration, et il se pénétrait de ses idées catholiques et royalistes. Le 10 juillet 1816, il écrivait sur un de ses cahiers de la pension Cordier : « Je veux être Chateaubriand ou rien. » Il avait quinze ans lorsqu'il envoya au concours de l'Académie française une pièce en vers, *Sur les avantages de l'étude*, et il faisait une partie de barres lorsqu'il apprit qu'il avait obtenu une mention. En 1818, Victor Hugo renonce à passer ses examens à l'École polytechnique et quitte la pension Cordier. Il est poète. Il écrit à son père qu'il vivra de son métier de poète et qu'il renonce à la petite pension qu'il lui fait.

Alors Victor Hugo se met à l'œuvre, se livre à un travail incessant. En 1817, il envoie aux Jeux floraux les *Vierges de Verdun* et le *Rétablissement de la statue de Henri IV*, qui sont couronnés. *Moïse sur le Nil* lui vaut, en 1820, l'amarante d'or et le titre de maître ès jeux floraux. En décembre 1819, il fonde avec son frère Abel une revue bimensuelle, *Le Conservateur littéraire*, qui paraît jusqu'en mars 1821. Il s'y prodigue, donne un grand nombre d'articles de critique et des poésies, entre autres l'ode sur *La Mort du duc de Berry*, pour laquelle Louis XVIII lui envoie une gratification de 500 francs, et la *Naissance du duc de Bordeaux*. En même temps, il se crée des relations, visite quelquefois Chateaubriand, se lie avec Alfred de Vigny, Lamartine, Soumet, Émile Deschamps, Guiraud, Jules de Rességuier, l'abbé de Lamennais, qui devient son directeur de conscience. A dix-neuf ans, ses satires royalistes *Le Télégraphe* et *L'Enrôleur politique*, ses odes *Les Destins de la Vendée*, *Quiberon*, *Le Génie*, *La Vision*, *Le Poète dans les révolutions* et d'autres, l'ont rendu célèbre dans le monde des lettres et dans le monde monarchique. Mais alors il n'est pas hanté seulement par des rêves de gloire, il aime d'un amour juvénile et frais sa petite amie d'enfance, devenue une belle jeune fille, Adèle Foucher, et il veut l'épouser. Sa mère s'oppose à ce mariage, qui ne lui semble pas assez brillant pour son fils, et elle cesse de voir la famille Foucher. Victor en est réduit à épier les sorties de la jeune fille et à lui remettre furtivement ses *Lettres à la fiancée*, qui ont été publiées en 1901. Sur ces entrefaites, sa mère meurt, rue de Mézières, le 27 juin 1821. Il en a un vif chagrin, car elle a toujours été excellente pour lui. Moins d'un mois après, le 20 juillet, son père se remarie, à

Madame Victor Hugo.
Lith. de Célestin Nanteuil, d'après un tableau de Louis Boulanger.

Chabris (Indre), avec Mme veuve d'Almé, comtesse de Salcano. Victor Hugo va habiter un petit logement, rue du Dragon. Il songe à l'avenir, à Adèle, qui, comme lui, est sans fortune; la famille Hugo ayant été ruinée par la chute de l'Empire, le jeune Victor dut vivre fort modestement pendant l'année qui suivit la mort de Mme Hugo; il cherche alors à se créer des ressources. En 1822, il publie le premier recueil de ses *Odes*, dont le succès est très grand. Louis XVIII le lit et accorde, en septembre, au jeune poète une pension de 1 000 francs sur sa cassette. Rien ne s'oppose plus à son mariage.

Le 22 octobre 1822, Victor Hugo voit enfin se réaliser son plus ardent désir. Il épouse Adèle-Julie Foucher, âgée de dix-neuf ans. Il est tout entier au bonheur si rare d'un amour partagé, lorsque, le soir même de son mariage, son frère Eugène, qui, pendant le repas, avait prononcé des paroles incohérentes, fut pris, en rentrant chez lui, d'un accès de folie. On dut l'enfermer à Charenton, où il resta jusqu'à sa mort. Tout porte à croire qu'Eugène aimait Adèle et que le désespoir qu'il ressentit en la voyant unie à son frère troubla pour toujours sa raison.

Adèle était charmante. A défaut d'une haute intelligence, elle avait, comme le reconnaît M. Biré, « du sentiment, du cœur, de l'esprit même au besoin ». Son mari, qu'elle aimait, lui inspirait la plus grande admiration.

Dans son jeune nid conjugal, Hugo travaillait. Il habita quelques mois chez son beau-père, puis loua un appartement rue de Vaugirard, lorsqu'il eut reçu du roi, en 1823, une pension de 2 000 francs. Il eut alors un premier enfant, qui mourut peu après sa naissance. Pendant cette année, il collabora à *La Muse française*, fondée par Soumet et Deschamps. En 1824, Hugo entra dans l'intimité de Nodier. Charles Nodier, nommé bibliothécaire de l'Arsenal, ouvrit son salon, devenu bientôt fameux, à un groupe de gens de lettres, qui formèrent le premier cénacle.

Cette même année, Victor Hugo publia un second volume d'*Odes* et vit naître sa fille Léopoldine, dont la mort tragique, en 1843, fut une de ses grandes douleurs. Il eut ensuite trois enfants : en 1826, Charles-Victor Hugo, mort à Bordeaux en 1871 ; en 1828, François-Victor Hugo, mort à Paris en 1873 et, en 1832, Adèle, qui vit encore.

En 1825, Victor Hugo écrivit son *Ode sur le sacre*. Il fut, à cette occasion, nommé chevalier de la Légion d'honneur en même temps que Lamartine, et son père reçut de Charles X le grade de lieutenant général. L'année suivante, il publia un *Bug-Jargal* remanié et un volume d'*Odes et Ballades* dans lequel s'accusaient ses tendances à abandonner les formes classiques. Sainte-Beuve fit paraître dans *Le Globe* du 2 janvier 1827 une étude critique sur ces poésies. C'est à propos de cet article que Victor Hugo et lui entrèrent en relations et ne tardèrent pas à se lier d'une vive amitié.

L'année 1827 marque une date très importante dans la vie du poète. Pour venger une insulte faite aux maréchaux de l'empire par l'ambassadeur d'Autriche, il écrit l'*Ode à la colonne*. Elle lui attira de vives attaques de la part des conservateurs royalistes. Hugo, qui, selon son expression, « a alors l'âge d'homme », semble abandonner le culte de la monarchie traditionnelle et croit, comme beaucoup d'autres à cette époque, qu'en célébrant les gloires de l'empire il fait acte de libéralisme. Puis il publie la fameuse préface de *Cromwell*, où il expose les idées de l'école romantique, dont, à partir de ce moment, il est le chef incontesté. Au printemps de cette année, il va habiter la

Victor HUGO en 1834, d'après une lith. de Alophe.
(Galerie de la presse.)

rue Notre-Dame-des-Champs, nº 11, tout près de Sainte-Beuve, qui loge au nº 19. Il leur arrive souvent de se voir deux fois par jour. Peu après, Hugo forme un nouveau cénacle, composé de romantiques. Les principaux membres sont A. de Vigny, Sainte-Beuve, Émile et Antony Deschamps, Alfred de Musset, de Beauchêne, Gérard de Nerval, Alexandre Dumas, Mme Tastu, les peintres Delacroix, Boulanger, Deveria, le sculpteur David d'Angers. Hugo et ses amis continuent à fréquenter le salon de Nodier, lieu de réunion du premier cénacle. C'est là le plus souvent qu'il lit publiquement ses vers.

Victor Hugo était alors violemment attaqué par les conservateurs littéraires et par les conservateurs royalistes. Il publie *Les Orientales* et *Le Dernier jour d'un condamné*; puis, en 1829, il prend la résolution d'écrire pour le théâtre. Son drame en vers, *Marion*

Victor HUGO et son fils François-Victor,
par Aug. de Châtillon (1836).

Delorme, écrit du 1er au 24 juin, est reçu par acclamation à la Comédie-Française, mais la censure en interdit la représentation. Hugo s'adresse directement à Charles X, qui maintient

Victor HUGO en 1855, à Jersey.

l'interdiction. « J'aime beaucoup votre talent, lui dit le roi. Il n'y a pour moi que deux poètes, vous et Désaugiers. » Et, pour adoucir son refus, il lui fait offrir une pension de 4000 francs. Hugo la refusa. En quelques semaines il écrivit *Hernani*, qu'il lut aux Français le 1er octobre. La première représentation de cette pièce eut lieu le 25 février 1830. Ce fut un grand événement littéraire, une retentissante bataille, dans laquelle les romantiques et les classiques en vinrent presque aux mains. Le premier soir, le succès fut très grand et la victoire resta aux partisans de Hugo. L'éditeur Baudoin acheta aussitôt à l'auteur, qui n'avait que 50 francs chez lui, le manuscrit de la pièce pour 6 000 francs. Mais, aux représentations suivantes, la bataille recommença plus ardente encore, ce fut une suite ininterrompue d'incidents tumultueux.

En 1830, Hugo quitta la rue Notre-Dame-des-Champs et alla habiter une maison isolée de la rue Jean Goujon, près des Champs-Élysées. Il avait besoin de solitude pour écrire *Notre-Dame de Paris*, qu'il devait, par traité, livrer à l'éditeur Gosselin. Il acheva en moins de six mois ce roman, dont le succès fut retentissant.

La révolution de juillet 1830 éclate et balaie la monarchie de droit divin. Hugo, jadis ultraroyaliste, ne paraît nullement s'émouvoir. Dans une lettre à Charles Nodier, le 4 août, il écrit ces lignes : « Tout va bien jusqu'ici et tout ira bien, je l'espère. La population de Paris se conduit admirablement, mais il faut se hâter d'organiser quelque chose. » En réalité, les affaires politiques l'occupent fort peu à cette époque. Il est avant tout poète, et, on peut le croire, c'est surtout comme sujet d'amplification qu'il a célébré les fastes de la Restauration, qu'il a ressuscité la légende napoléonienne. Il accepte volontiers la monarchie bourgeoise, à laquelle il ne fera jamais d'opposition; mais, avec son œil visionnaire, il entrevoit déjà dans le lointain un ordre de choses tout nouveau. En 1832, il écrit à Sainte-Beuve : « Nous aurons un jour une république, et quand elle viendra, elle sera bonne. Mais ne cueillons pas en mai le fruit qui ne sera mûr qu'en août. Sachons attendre. La République proclamée par la France en Europe, ce sera la couronne de nos cheveux blancs. »

En attendant ces temps lointains, il s'occupe de poésie et de théâtre. Il publie *Les Feuilles d'automne*, il fait représenter *Marion Delorme* en 1831 et *Le Roi s'amuse* en 1832. Mais, après la première représentation, la censure interdit cette seconde pièce. En vain le poète porta sa cause devant le tribunal de commerce et la plaida lui-même : l'interdiction fut maintenue. Ce fut seulement en 1882 que cette pièce reparut devant le grand public. En octobre 1832, Hugo alla habiter, place Royale, cet appartement, devenu fameux, de l'hôtel Guémené, où il devait rester jusqu'en 1848. L'année suivante il eut avec Alexandre Dumas une brouille qui dura jusqu'en 1836, et il fit représenter deux drames, *Lucrèce Borgia* (2 février 1833) et *Marie Tudor*.

Victor Hugo continue à recevoir dans son salon de la place Royale de nombreux amis qui acclament sans réserve son génie. Si quelques-uns des anciens l'ont abandonné, comme Sainte-Beuve, avec qui il rompit complètement en 1834, il en a recruté de nouveaux, Couture, Théophile Gautier, Esquiros. Il publie ou fait jouer successivement *Claude Gueux* (1834), éloquent plaidoyer contre la peine de mort; *Les Chants du crépuscule* (1835), où l'on trouve des pièces brillantes consacrées à Juliette; *Angelo* (1834), drame qui ne réussit point; *Les Voix intérieures* (1837); *Ruy Blas* (1838), qui fut très applaudi; *Les Rayons et les Ombres* (1840). On trouve dans ces œuvres, selon l'expression de Sainte-Beuve, « un mélange souvent entrechoqué de réminiscences monarchiques, de phraséologie chrétienne et de vœux saint-simoniens ». A cette époque, il est lié avec le duc et la duchesse d'Orléans; Louis-Philippe le crée officier de la Légion d'honneur (1837), lui accorde la grâce de Barbès, lui donne un tableau. Le 7 janvier 1841, l'Académie française con-

Victor HUGO en 1870. — Phot. Pierre Petit.

sent enfin à le recevoir au nombre de ses membres, en remplacement de Népomucène Lemercier, par 17 voix contre 15, données à Ancelot. Ce n'était pas sans peine qu'il était entré au palais Mazarin. A trois reprises, il avait trouvé des adversaires acharnés qui lui avaient préféré Dupaty (1836), Mignet (1836) et Flourens (1840). Après un voyage dans les Alpes (1839), il alla en 1842 visiter longuement les bords du Rhin et écrivit à ce sujet une suite de lettres extrêmement curieuses, réunies bientôt en volume, puis il fit *Les Burgraves*. Cette pièce, reçue à la Comédie-Française en novembre 1842, y fut représentée le 7 mars 1843; son échec fut complet. Victor Hugo en ressentit une telle amertume qu'il renonça désormais à faire du théâtre et laissa de côté *Les Jumeaux*, qu'il avait commencés. En ce moment se produisait une vive réaction contre le romantisme. Grâce à Rachel, les grands classiques revenaient en faveur, et l'on voyait surgir avec la *Lucrèce* de Ponsard, très applaudie (1843), une nouvelle école, celle des néo-classiques, dite aussi l'école du bon sens.

Lassé, presque découragé, Hugo quitte Paris, se rend aux Pyrénées, en Espagne. Pendant ce voyage, il est frappé d'un deuil tragique; sa fille aînée, Léopoldine, alors âgée de dix-neuf ans, et qui avait épousé quelques mois auparavant Charles Vacquerie, frère du poète Auguste Vacquerie, se noie avec son mari en faisant une promenade en bateau sur la Seine, à Villequier (4 septembre 1843). La douleur du père est profonde, et l'on peut s'en faire une idée en lisant les vers admirables qu'il consacre à sa fille dans *Les Contemplations*. Après cette catastrophe, Hugo se recueille, continue à évoluer. Il reste conservateur, mais avec son culte de la monarchie, sa foi religieuse a disparu. L'art pour l'art ne lui suffit plus, il commence à aborder les idées sociales. Déjà, dans sa conclusion des *Lettres sur le Rhin*, il cherche à résoudre le problème de l'équilibre européen et propose de partager l'Europe entre la France et la Prusse. Comme Lamartine, il veut entrer dans la fournaise politique; Louis-Philippe lui en ouvre la porte en lui donnant, en 1845, un siège à la Chambre des pairs. Victor Hugo alla siéger sur les bancs de la majorité ministérielle et vota avec elle. A diverses reprises, il prononça des discours; il parla sur les marques de fabrique, sur la question polonaise, glorifia le pape libéral, demanda le retour de la famille Bonaparte; mais son éloquence théâtrale, aux images hardies, aux chatoyantes antithèses, eut peu de succès auprès de ses collègues.

La révolution de 1848, qui mit à la tête du gouvernement provisoire Lamartine, alors à l'apogée de la popularité, fit de Victor Hugo, pair de France, un simple particulier. Le poète, quelque peu effrayé et désorienté d'abord, se reprit, vit passer les événements, entrevit des choses nouvelles, mais resta conservateur et se tint dans l'ombre jusqu'au 4 juin 1848. Porté candidat sur une liste réactionnaire, il fut élu alors député de la Seine à l'Assemblée nationale. Là, il se fit accuser de contradiction en votant tantôt avec la droite pour l'abolition des

Aug. Vacquerie. Paul Meurice.

Victor Hugo et Auguste Vacquerie, chez Paul Meurice, à Veules (Seine-Inférieure).

ateliers nationaux, contre le droit au travail, l'impôt progressif, la suppression du remplacement militaire, l'amendement Grévy supprimant la présidence de la République; tantôt avec la gauche pour l'abolition de la peine de mort, contre les poursuites intentées à Ledru-Rollin et à Louis Blanc, contre l'ordre du jour déclarant que Cavaignac avait bien mérité de la patrie. Le 1er août 1848, il avait fondé un journal, *L'Événement*, portant pour épigraphe : « Haine vigoureuse de l'anarchie, tendre et profond amour du peuple. » Il fut le directeur et l'inspirateur de cette feuille, dont les principaux rédacteurs étaient ses fils Charles et François-Victor, Paul Meurice, Auguste Vacquerie, Théophile Gautier, Théodore de Banville, Gérard de Nerval, Vitu, etc. *L'Événement* attaqua vivement le général Cavaignac et, lors des élections pour la présidence de la République, soutint la candidature de Louis Napoléon. Victor Hugo, dont les *Odes sur Napoléon*, publiées à part en 1840, étaient une véritable épopée napoléonienne, s'était pris de sympathie pour son neveu, qu'il aida à porter au pouvoir suprême, pensant, dit-on, qu'il l'appellerait dans ses conseils; mais son illusion fut de courte durée. Réélu représentant à la Législative (13 mai 1849), il se sépara, le 15 octobre, de ses amis de la droite, se rangea pour toujours du côté de la République et devint bientôt un des principaux chefs de la gauche démocratique et sociale. Chaque discours qu'il prononça à partir de ce moment souleva des interruptions violentes, dans lesquelles on lui rappelait son passé royaliste. Lors de son discours contre le pape au sujet des affaires romaines, Montalembert lui ayant cité une des œuvres de sa jeunesse, il lui répondit : « Je défends l'Italie comme M. Montalembert a défendu la Pologne. J'étais avec lui alors, il est contre moi maintenant. Cela tient à une raison très simple : c'est qu'il a passé du côté de ceux qui oppriment et que, moi, je reste du côté de ceux qui sont opprimés. » Hugo prononça d'autres discours mémorables au sujet de la liberté de l'enseignement, de la mutilation du suffrage universel (1850), de la revision de la constitution (juillet 1851). Dans ce dernier surtout il montra une véhémence extraordinaire et attaqua violemment le président Louis-Napoléon, qu'il appelait Napoléon le Petit et Augustule. Depuis qu'il avait compris que le prince voulait rétablir l'empire, il était devenu son adversaire irréductible; son journal *L'Événement* n'avait cessé d'attaquer sa politique, s'était transformé en *Avènement du peuple*, et la plupart de ses rédacteurs, y compris les deux fils Hugo, se trouvaient alors emprisonnés à la suite de condamnations.

Victor HUGO en 1880. — Phot. Carjat.

Lorsque éclata le coup d'État du 2 décembre 1851, Victor Hugo se joignit aux représentants républicains, Schœlcher, Baudin et quelques autres qui tentèrent de soulever le peuple et d'organiser la résistance. Il rédigea des proclamations enflammées; mais peu d'ouvriers répondirent à son appel, et la résistance fut bientôt écrasée. Hugo, qui figurait sur les listes de proscription, dut se cacher; il trouva asile chez un de ses parents, qui lui procura un passeport, et le 14 décembre il arriva à Bruxelles.

Mme Hugo était restée à Paris rue de La Tour-d'Auvergne, avec sa fille et ses fils. De Bruxelles, il lui écrit : « Vis d'économies. Fais durer longtemps l'argent que je t'ai laissé. J'ai assez devant moi pour aller ici quelques mois. » Et il se met à l'œuvre. Il publie *Napoléon le Petit* (1852), ardent pamphlet, qu'on s'arracha. Le cabinet belge, redoutant des représentations du gouvernement français, fait voter par le Parlement la loi Faider et expulse le poète. Hugo va chercher alors un refuge à l'île Jersey, où il loue la maison connue sous le nom de « Marine Terrace ». C'est là qu'il écrit les vers célèbres :

J'accepte l'âpre exil, n'eût-il ni fin ni terme,
Sans chercher à savoir et sans considérer
Si quelqu'un a plié, qu'on aurait cru plus ferme;
Et si plusieurs s'en vont qui devaient demeurer.
S'il n'en est plus que mille, eh bien! j'en suis. Si même
Ils ne sont plus que cent, je brave encore Sylla;
S'il en demeure dix, je serai le dixième;
Et s'il n'en reste qu'un, je serai celui-là!

Mme Hugo, sa fille Adèle, ses fils viennent le retrouver à Jersey. Pour faire vivre tous les siens, il n'a que sept mille francs de rente. Après le coup d'État, la représentation de ses pièces avait été interdite, et l'on avait cessé momentanément en France d'acheter ses livres. Il en fut réduit alors à faire vendre les meubles de prix et les objets d'art qu'il avait laissés rue de La Tour-d'Auvergne. En 1853, il publia *Les Châtiments* à Saint-Hélier et à Bruxelles. Le livre eut un succès colossal à l'étranger et en France, où la vente en fut prohibée, mais où il pénétra quand même secrètement, au moyen de mille subterfuges, par la frontière. Il en eût tiré grand profit si des éditeurs belges n'avaient fait imprimer *Les Châtiments* en contrefaçon, en gardant pour eux tous les bénéfices.

Victor Hugo, ayant protesté à la fin de 1855 contre l'expulsion de Félix Pyat et de deux autres proscrits réfugiés à Jersey, reçut du gouvernement l'ordre de quitter l'île. Il partit

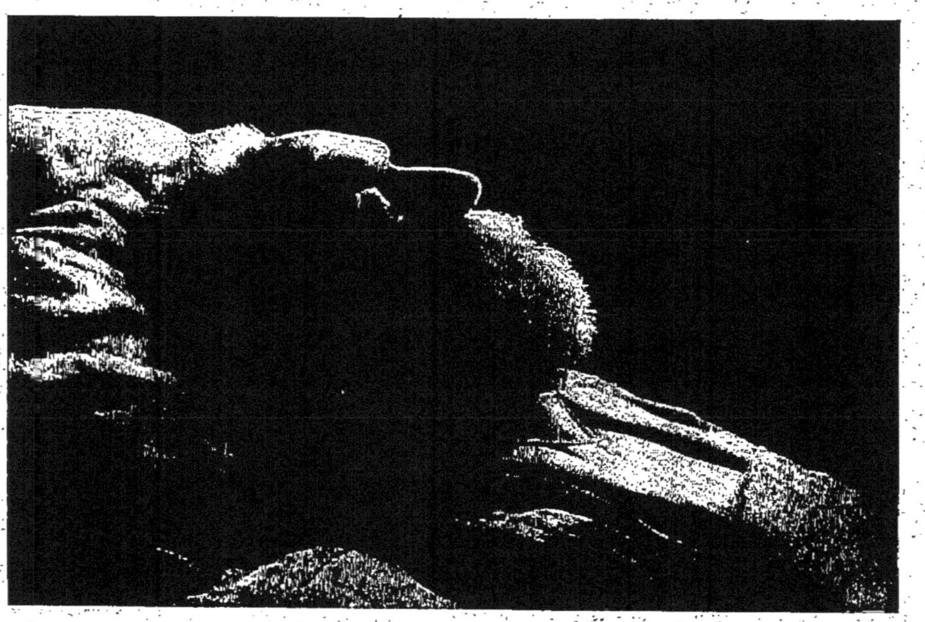

Victor HUGO sur son lit de mort. — Phot. Nadar.

alors pour Guernesey et il acheta en haut de Saint-Pierre-Port une maison abandonnée, Hauteville-House, qu'il transforma à sa guise et marqua de son originale empreinte. Il installa son cabinet de travail tout en haut de la maison, dans une petite pièce n'ayant pour tout meuble qu'une couchette. Devant une seule fenêtre apparaissait la mer immense. C'est là que, chaque jour, pensif et visionnaire, pendant de longues heures, il travaillait debout, pouvant voir à ses pieds, s'il se penchait, le jardin en pente tout couvert de fleurs. Ce fut là que le grand lyrique sentit naître en lui ses plus étonnantes inspirations. Il n'était pas, du reste, le seul à travailler. « Nous travaillons tous, écrivait un jour François-Victor à un de ses amis. Mon père achève *Les Petites Épopées ;* Charles fait un roman et moi, je donne Shakspeare à la France, bornant mon vœu pour le moment à être le drogman fidèle de cet immense génie. » Ajoutons qu'Adèle Hugo ne restait point inactive, elle écrivait pendant ses loisirs *Victor Hugo raconté par un témoin de sa vie.* C'est pendant son exil à Guernesey que Hugo a publié ou composé *Les Contemplations* (1856); *La Légende des siècles* (1859); *Les Misérables* (1862), qui parurent le même jour en neuf langues; *William Shakspeare* (1864); *Les Chansons des rues et des bois* (1865); *Les Travailleurs de la mer* (1866); *L'Homme qui rit* (1869) et tant d'autres œuvres qui devaient paraître plus tard. Longtemps le fidèle Auguste Vacquerie fut l'hôte habituel de la famille Hugo. De nombreux visiteurs venus de tous côtés traversaient la mer pour voir l'exilé à l'apogée de sa gloire, acclamé comme un des grands génies de l'humanité. Il était le « maître »; de toutes parts on lui écrivait. Il exerçait une sorte de royauté intellectuelle et morale. C'était, selon l'expression de Théodore de Banville, le « poète entré vivant dans l'immortalité ». Son nom était si universellement connu qu'il suffisait d'écrire sur une enveloppe : « Victor Hugo, Océan, » comme le firent un jour quelques jeunes gens, pour que la lettre lui parvînt.

Pendant son long séjour à Hauteville-House, Victor Hugo ne fut point exempt de peines. Sa dernière fille, Adèle, s'éprit d'un officier de marine anglaise commandant le stationnaire de Guernesey, l'épousa contre la volonté de son père, puis alla aux Indes, y perdit son mari et revint en France en 1872, la raison tellement troublée qu'on dut l'enfermer dans une maison de santé. Le 28 août 1868, Mme Hugo, malade, presque aveugle, meurt à Bruxelles. L'année suivante, Charles et François-Victor se rendent à Paris pour fonder avec Vacquerie et Paul Meurice un journal de vive opposition à l'empire, *Le Rappel*, et Hugo, resté

Catafalque de Victor Hugo sous l'Arc de triomphe de l'Étoile, à Paris.

Phot. Neurdein.

seul, va prononcer un grand discours à la clôture du congrès de Lausanne.

Lors du plébiscite de 1870, l'auteur des *Châtiments* protesta encore une fois en publiant un pamphlet intitulé *Non!* Quelques mois plus tard, le 4 septembre, l'empire croulait, laissant la France envahie, en proie à d'irréparables désastres. Après plus de dix-huit années d'exil, Hugo revient enfin à Paris, où ses amis et le peuple l'acclament. Il adresse alors aux Allemands un grandiloquent appel dans lequel il les convie à cesser la guerre, à fraterniser avec la France. Pendant le siège, il est garde national et participe aux souffrances communes. Ses *Châtiments*, réédités par Hetzel, se vendent à cent mille exemplaires. Dans un manifeste aux Parisiens, daté du 10 octobre, il demande la défense à outrance. Après la capitulation, aux élections du 8 février 1871, il est élu, le second, député de la Seine à l'Assemblée nationale, qui va siéger à Bordeaux. Ayant été violemment interrompu par la droite pendant un discours qu'il prononce le 8 mars, il écrit au président de la Chambre : « Il y a trois semaines, l'Assemblée a refusé d'entendre Garibaldi ; aujourd'hui, elle refuse de m'entendre, je donne ma démission. » Le 13 mars, son fils Charles meurt subitement à Bordeaux d'une congestion cérébrale. Il ramène son corps à Paris, où ses funérailles sont célébrées le 18 mars, le jour même où éclate l'insurrection communaliste. Hugo se tient à l'écart; il proteste également contre la Commune, qui renverse la Colonne, et contre le gouvernement de Versailles qui bombarde l'Arc de triomphe. Au moment où l'insurrection est écrasée, il est à Bruxelles et il offre un asile aux réfugiés de la Commune. La populace, ameutée, saccage sa maison, il est expulsé de Belgique, va à Londres, puis revient à Paris.

Porté par les radicaux candidat à l'Assemblée nationale dans la Seine, en 1872, Hugo échoua contre Vautrain. Cette même année, il fonda avec son fils François-Victor, Meurice et Vacquerie, un journal démocratique à 5 centimes, *Le Peuple souverain*, qui dura peu. Au mois de décembre 1873, il fut frappé d'un nouveau deuil, son fils François-Victor succomba dans un accès de fièvre chaude. Malgré tant de coups répétés, il restait vigoureux et fort, se retrempait dans le travail. En 1876, il rentra dans la politique. Nommé délégué sénatorial dans la Seine, il adressa aux électeurs un éloquent manifeste dans lequel il les adjurait d'affermir la République, et fut élu sénateur le 30 janvier. Au Sénat, il alla siéger à l'extrême gauche et ne prit que rarement la parole. Dans un discours du 22 mai, il de-

Les obsèques de Victor-Hugo, le 1er juin 1885 : Le cortège descendant l'avenue des Champs-Élysées. — Phot. Neurdein.

HABITATIONS ET MOBILIER

Cartouche ornant la façade de la maison
où est né Victor Hugo, à Besançon.

manda l'amnistie en faveur des condamnés de la Commune. Son mandat lui fut renouvelé en 1882 et il continua à ne tenir à la Chambre haute qu'un rôle effacé, se bornant à voter avec les républicains. Mais en revanche, son activité littéraire était extraordinaire. A ses livres, *Actes et paroles* (1872); *L'Année terrible* (1872); *Mes fils; Quatre-vingt-treize* (1873), il ajouta successivement *La Légende des siècles*, 2e série (1877); *L'Art d'être grand'père* (1877); *L'Histoire d'un crime* (1877); *Discours pour Voltaire* (1878); *Le Domaine public payant l'impôt* (1878); *Le Pape* (1878); *La Pitié suprême* (1879); *L'Ane* (1880); *Religion et religions* (1880); *Les Quatre vents de l'esprit* (1881); *Torquemada* (1882); *La Légende des siècles*, 3e série (1883); *L'Archipel de la Manche* (1883).

Dans cette dernière partie de sa vie, celui qu'Emile Augier appelait « le Père » était l'objet d'une admiration universelle et

Maison de la place Royale (place des Vosges), à Paris, habitée par Victor Hugo de 1833 à 1848.

sa popularité était sans égale. Le 26 février 1881, à l'occasion de l'anniversaire de sa naissance, Paris rendit à Victor Hugo un solennel et touchant hommage. Ce jour-là, le grand vieillard reçut dans sa maison de l'avenue d'Eylau, debout entre ses petits-enfants Georges et Jeanne, une députation d'enfants, une autre du conseil municipal; puis, d'une fenêtre, ému jusqu'aux larmes, il vit défiler devant lui, l'acclamant et déposant des fleurs, des délégués de toute sorte et une innombrable foule.

Personne alors, pas plus à l'étranger qu'en France, ne contestait sa royauté littéraire. Ses anciens ennemis avaient désarmé. Tous les étrangers de distinction, de passage à Paris, altesses royales, têtes couronnées même, comme l'empereur du Brésil, littérateurs, voyageurs, comme Nordenskiold, tenaient à honneur de visiter le poète. Il en était de même de nos notabilités politiques, littéraires et artistiques. Dans son salon de

« Marine Terrace », à Jersey.
Cette phot., ainsi que les quatre suivantes, nous ont été communiquées par M. Paul Meurice.

cette avenue d'Eylau qui devait recevoir son nom quelques jours avant sa mort, Victor Hugo réunissait un groupe d'intimes auprès du groupe familial : les deux enfants de Charles, Georges et Jeanne qu'il adorait, leur mère remariée à M. Édouard Lockroy, devenu pour lui un fils, puis une vieille amie au dévouement absolu, Mme Juliette Drouet, enfin, avec les deux grands amis toujours fidèles, Auguste Vacquerie et Paul Meurice, Théodore de Banville, Edmond de Goncourt, Henri de Lacretelle, Émile Deschanel, Antony Mérat, Pierre Véron, Chifflart, Bonnat, Régamey, Léon Glaize, Mmes Adam, Tola Dorian. Victor Hugo présidait à la conversation, très simple dans l'intimité, d'une politesse empressée avec les femmes, rendant des oracles sans morgue, bienveillant, cordial, paternel, jusqu'à la fin d'une étonnante vigueur intellectuelle et corporelle. Sa verte vieillesse faisait l'admiration de tous.

Très débile dans son enfance, il s'était fait une santé robuste par une hygiène rigoureuse, par des habitudes régulières qu'il formulait ainsi :

Lever à six, dîner à dix,
Souper à six, coucher à dix,
Fait vivre l'homme dix fois dix.

Sa sobriété était grande : « Je n'ai jamais bu la valeur d'un litre de spiritueux, » disait-il. De Bruxelles, il écrivait à sa femme

Hauteville-House, à Guernesey.

le 27 janvier 1852 : « Je vis, moi, pour 100 francs par mois, voici le devis par jour :

Loyer	Fr.	1 »
Déjeuner (une tasse de chocolat)		0 50
Dîner		1 25
Feu		0 25
		3 »

« Cela fait 90 francs par mois, le reste (10 francs) est pour la blanchisserie, les pourboires, etc. A nous deux, Charles, nous dépenserons donc 200 francs par mois. » Il avait beaucoup d'ordre et surveillait avec soin les dépenses de sa maison. Il travaillait beaucoup, régulièrement, à heure fixe, le plus souvent la fenêtre ouverte, même par les plus grands froids. A Guernesey, dit M. Asseline,

En tout temps, il était le premier levé; les rares passants qui descendaient la rue d'Hauteville pour se rendre au port pouvaient le voir au petit jour, arpentant son *lock-out*... Commandant à son inspiration dont il avait fait l'esclave de son génie, il se mettait tranquillement à quelque

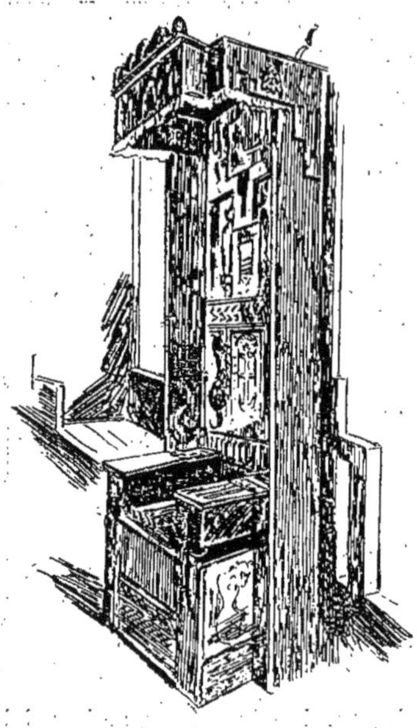

Le fauteuil des ancêtres, dans la salle à manger de Hauteville-House.

chef-d'œuvre, comme un ma-nœuvre à sa tâche accoutumée. A midi il avait écrit ses cent vers ou ses vingt pages de prose sans rature, quelquefois avec des renvois qui tenaient plus que la page; alors, les jambes un peu raidies, car il avait pris l'habitude d'écrire debout et de marcher en composant, il descendait lentement son escalier, les tentures amortissant le bruit de son pas, et il secouait sa pensée à laquelle il donnait congé pour le restant du jour... — En fait de travail, combien de fois Victor Hugo nous a-t-il répété : « Peu de travail ennuie; beaucoup de travail amuse. »

Mais s'il travaillait beaucoup, il n'avait pas un plan de travail fixé d'avance. « Je me lève le matin, disait-il, sans savoir à quoi je vais travailler. Selon l'inspiration, j'écris de la prose ou des vers; quelquefois, à midi, après déjeuner, le vent a tourné, et j'achève la journée par un travail différent de celui du matin. » Il menait de front plusieurs livres à la fois, passait du roman à la poésie, du théâtre à l'histoire. Hugo recevait un nombre considérable de lettres, surtout de jeunes auteurs. Il répondait toujours par quelques lignes flatteuses dans le style tendu, chatoyant, qui porte sa marque. Il n'en était plus ainsi, lorsqu'il écrivait à sa famille, à sa femme, à sa petite Léopoldine. Sa correspondance, qu'on a publiée, le montre sous un jour inattendu, presque toujours simple, toujours affectueux, aimable et tendre. Il aimait beaucoup les enfants. A leur intention il a écrit des vers délicieux. A Guernesey, il avait pris l'habitude de réunir chaque année, à la Christmas, une quarantaine d'enfants pauvres autour de sa grande table, et il leur distribuait des vêtements et des jouets. Plus tard, il se plaisait à amuser ses petits-enfants, à leur conter des histoires, à mettre

Chambre à coucher de Victor Hugo à Hauteville-House.

Cabinet de travail-véranda (Hauteville-House).

en pratique l'*Art d'être grand-père*. Hugo avait de l'esprit, mais un esprit spécial, à la fois énorme et fin, colossal et délié. Pendant le siège de Paris même, il lui arriva d'écrire des vers plaisants, comme ce madrigal gastronomique adressé à Mme J. G. :

Belle dont le regard éblouit, charme, embrase,
Je prétends vous offrir un festin sans rival ;
Si vous venez demain, je fais rôtir Pégase
Afin de vous offrir une aile de cheval.

Hugo ne reculait pas devant les plus gros calembours ; avec cela, il avait des mots charmants et, bien que grave et pensif d'apparence, des gaietés subites et des rires francs. Il aimait à voyager sur les impériales d'omnibus. Il allait ainsi fréquemment à la Villette, à la barrière du Trône, au Jardin des Plantes, au bois de Vincennes, en contact familier avec la foule, et rentrait à l'heure du dîner après s'être promené tout l'après-midi. A ses heures, il était artiste. Les nombreux dessins qu'il a faits, et dont on voit encore une partie à Hauteville-House, ont un caractère d'originalité très tranchée, attestent toute la

Salle à manger de Hauteville-House (Cheminée en forme de H).

puissance de son imagination visionnaire. Par atavisme, peut-être, il était volontiers menuisier. Il avait présidé à Guernesey à la confection de beaucoup de ses meubles, qui, par le mélange des styles, présentaient les lignes les plus bizarres. On a reproché à Victor Hugo d'être âpre au gain, peu dévoué à ses amis, impitoyable à ses ennemis, d'avoir le génie de la réclame presque égal au génie de la poésie et d'avoir manqué souvent de sincérité pour se mettre en belle posture devant l'histoire. Il y a une certaine part de vérité dans ces reproches, mais il ne faut pas en exagérer l'importance et les grossir. Les défauts de l'homme pèsent bien peu lorsqu'on les met en balance avec son œuvre.

Le 22 mai 1885, après une agonie de huit jours, l'auteur de *La Légende des siècles* cessait de vivre. Il avait demandé à être enterré civilement, conduit dans le corbillard des pauvres, et avait chargé ses exécuteurs testamentaires, Auguste Vacquerie et Paul Meurice, de publier ses œuvres inédites très nombreuses.

Le Chirobate chinois.

L'Ascète.

Panneaux exécutés par Victor Hugo, à Hauteville-Hous

Collection Koch.

Quant à sa fortune, évaluée à plus de 3 millions, elle revenait pour une part à ses petits-enfants Georges et Jeanne, pour une autre à sa fille Adèle.

La mort de Victor Hugo produisit une profonde sensation, on peut dire dans le monde entier. Le gouvernement et la Chambre lui décrétèrent des obsèques nationales et les honneurs du Panthéon. Ses funérailles eurent un caractère d'extraordinaire grandeur. Devant son cercueil, déposé sur un catafalque dressé sous l'Arc de triomphe de l'Étoile, pendant un jour et une nuit, Paris entier défila. En ce moment, arrivèrent des villes de France et de l'étranger des délégations chargées de rendre au maître un dernier hommage. Le 1er juin eut lieu la cérémonie finale, la suprême apothéose. Devant le cercueil toujours sous l'Arc de triomphe, en présence du corps diploma-

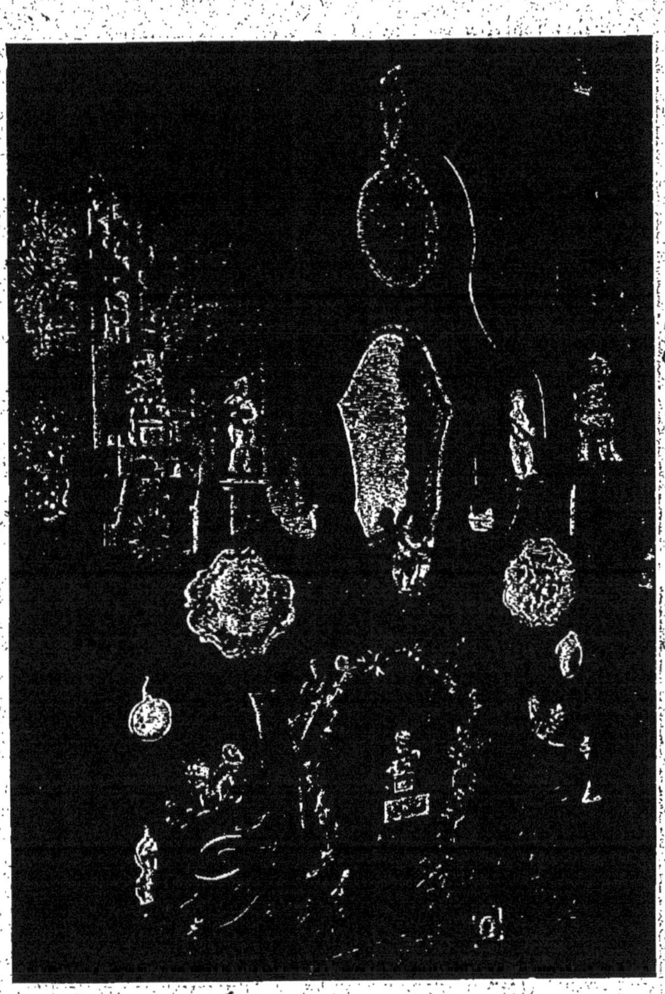

Cheminée monumentale exécutée par Victor Hugo
(Hauteville-House).

tique, des membres du gouvernement, des gens célèbres, de l'élite de Paris et de la foule, des discours furent prononcés par MM. Le Royer, président du Sénat, Floquet, président de la Chambre, René Goblet, ministre de l'Instruction publique, Émile Augier, de l'Académie française, et d'autres; puis le cortège se forma, s'ébranla, immense, avec son char des pauvres, dernière antithèse, devant une foule innombrable et arriva enfin au Panthéon, où l'on déposa le cercueil. Là, on prononça encore de nouveaux discours. Prenant à son tour la parole, un des grands poètes du temps, Leconte de Lisle, prononça ces mots : « Nous saluons avec un légitime orgueil filial dans la sérénité de sa gloire, au fond de nos cœurs et de nos intelligences, le plus grand des poètes, celui dont le génie a toujours été et sera toujours pour nous la lumière vivante qui ne cessera de nous guider vers la beauté immortelle...

« Adieu et salut, maître très illustre et très vénéré, éternel honneur de la France, de la République et de l'humanité! »

Pensées.

Le Style. — C'est le style qui fait la durée de l'œuvre et l'immortalité du poète. La belle expression embellit la pensée et la conserve : c'est tout à la fois une parure et une armure. Le style sur l'idée, c'est l'émail sur la dent.

Le Parasite. — Malheur à qui veut être parasite : il sera vermine.

Le Mariage. — Le mariage est une greffe; cela prend bien ou mal.

Le Devoir. — Tant que le possible n'est pas fait, le devoir n'est pas rempli.

L'Art. — L'art en tant qu'art est pris en lui-même, ne va ni en avant ni en arrière. Ses transformations ne sont que les ondulations du beau.

L'Amoureux de Suzanne; panneau peint de Victor Hugo.
Collection Koch.

Inégalités sociales et naturelles. — Il ne peut y avoir rien que de factice, d'artificiel et de plâtré dans un ordre de choses où les inégalités sociales contrarient les inégalités naturelles.

(*Littérature et philosophie mêlées.*)

Sentiment de race. — L'amour des Anglais pour leur liberté se complique d'une certaine acceptation de la servitude d'autrui. Cette bienveillance pour les chaînes qui attachent le voisin va quelquefois jusqu'à l'enthousiasme pour le despote d'à côté.

(*L'Homme qui rit.*)

Le Poète. — Le poète ne doit avoir qu'un modèle, la nature, qu'un guide, la vérité. Il ne doit pas écrire avec ce qui a été écrit, mais avec son âme et son cœur.

(*Odes et Ballades*, Préface.)

La Popularité. — La popularité, c'est la gloire en gros sous.

(*Ruy Blas.*)

DESSINS ET AUTOGRAPHES

Victor Hugo
rue de Vaugirard, 90.
le mardi 16 novembre
1828

Soyons les serviteurs du droit
et les esclaves du devoir.
Victor Hugo

AUTOGRAPHES
(1824-1875).

C'est un homme fort doux et de vie élégante,
Un seigneur dont jamais un juron ne tomba,
Et mon ami de cœur, nommé Goulatromba.

(*Ruy Blas.*)

GOULATROMBA.
DESSIN (PLUME
ET LAVIS).

DESSIN À LA PLUME REPRÉSENTANT UNE CATHÉDRALE GOTHIQUE (27 AOUT 1838).

Dessin fait à Lucerne par Victor Hugo, le 13 septembre 1839, pour sa fille aînée Léopoldine (qui se noya par accident près de Caudebec, avec son mari Charles Vacquerie en 1843) ; il porte cette légende : *Ce que je vois de ma fenêtre. Pour ma Didine.*

qu'ils cherchent les rampes,
les jardins, les cours,
[illegible]
le reflet des lampes
aux grandeurs des tours !

quelle nuit profonde,
ô Vieux Sequien !
qu'ils cherchent un monde,
et ne trouvent rien !

2 février 1870
(aujourd'hui [illegible] Lucrèce Borgia)

TOUTE LA LYRE. — FIN DU MANUSCRIT AUTOGRAPHE (COUPS DE CLAIRON).

VIANDEN, LA MAISON QUE J'HABITE AU COIN DU PONT, 28 JUILLET, 1871. DESSIN (PLUME ET LAVIS).

(L'Art et l'Idée.)

LE DERNIER DESSIN
DE VICTOR HUGO.
(Collection A. Willette.)

VICTOR HUGO
VU PAR LES ARTISTES

Phot. Braun, Clément et Cie.

VICTOR HUGO. — TABLEAU DE BONNAT.

EAU-FORTE
DE RODIN.

[illegible] peinture décorative de Puvis de Chavannes à l'Hôtel de Ville de Paris.

VICTOR HUGO PAR RODIN (MAQUETTE).

Le Hugo qui se révèle pendant l'exil est bien celui que Rodin a conçu en composant son émouvant et beau monument. Le sculpteur l'a dressé nu comme un dieu vénérable et tragique, écoutant les voix prophétiques que mugissent à ses oreilles les formes mouvantes et bondissantes des éléments. Au milieu de ces formes qui tourbillonnent et qui passent, le vieillard est assis, immobile. Son front penche, pensif. Il y a, dans son œil, ce je ne sais quoi de l'abrutissement sacré que Michel-Ange mit dans son Zeus. Et, si Victor Hugo est le seul grand homme moderne qu'un statuaire contemporain ait osé représenter complètement nu, pareil à un dieu de l'Olympe, c'est qu'il fut en vérité une sorte de dieu qui commandait aux mots, aux rythmes et au verbe, comme Jupiter aux éléments.

Maurice Le Blond.

Victor Hugo ; marbre d'Auguste Rodin. — Salon de 1901.

Dessin de André Gill. *(L'Éclipse.)*

MONUMENT DE VICTOR HUGO, PAR B.-L. BARRIAS, INAUGURÉ, LE 26 FÉVRIER 1902, PLACE VICTOR HUGO, A PARIS.

MÉDAILLE, PAR J. CHAPLAIN, FRAPPÉE A L'OCCASION DU CENTENAIRE DE VICTOR HUGO (26 FÉVRIER 1902).

Fantômes.

Hélas! que j'en ai vu mourir de jeunes filles!
C'est le destin. Il faut une proie au trépas.
Il faut que l'herbe tombe au tranchant des faucilles;
Il faut que dans le bal les folâtres quadrilles
Foulent des roses sous leurs pas.

Il faut que l'eau s'épuise à courir les vallées;
Il faut que l'éclair brille, et brille peu d'instants,
Il faut qu'avril jaloux brûle de ses gelées
Le beau pommier, trop fier de ses fleurs étoilées,
Neige odorante du printemps.

Oui, c'est la vie. Après le jour, la nuit livide,
Après tout, le réveil, infernal ou divin.
Autour du grand banquet siège une foule avide,
Mais bien des conviés laissent leur place vide,
Et se lèvent avant la fin.

Que j'en ai vu mourir! — L'une était rose et blanche;
L'autre semblait ouïr de célestes accords;
L'autre, faible, appuyait d'un bras son front qui penche,
Et, comme en s'envolant l'oiseau courbe la branche,
Son âme avait brisé son corps.

Une, pâle, égarée, en proie au noir délire,
Disait tout bas un nom dont nul ne se souvient;
Une s'évanouit, comme un chant sur la lyre;
Une autre en expirant avait le doux sourire
D'un jeune ange qui s'en revient.

Toutes fragiles fleurs, sitôt mortes que nées!
Alcyons engloutis avec leurs nids flottants!
Colombes, que le ciel au monde avait données!
Qui, de grâce, et d'enfance, et d'amour couronnées,
Comptaient leurs ans par les printemps!

. . . .

(*Les Orientales*, avril 1838.)

ŒUVRES DE VICTOR HUGO

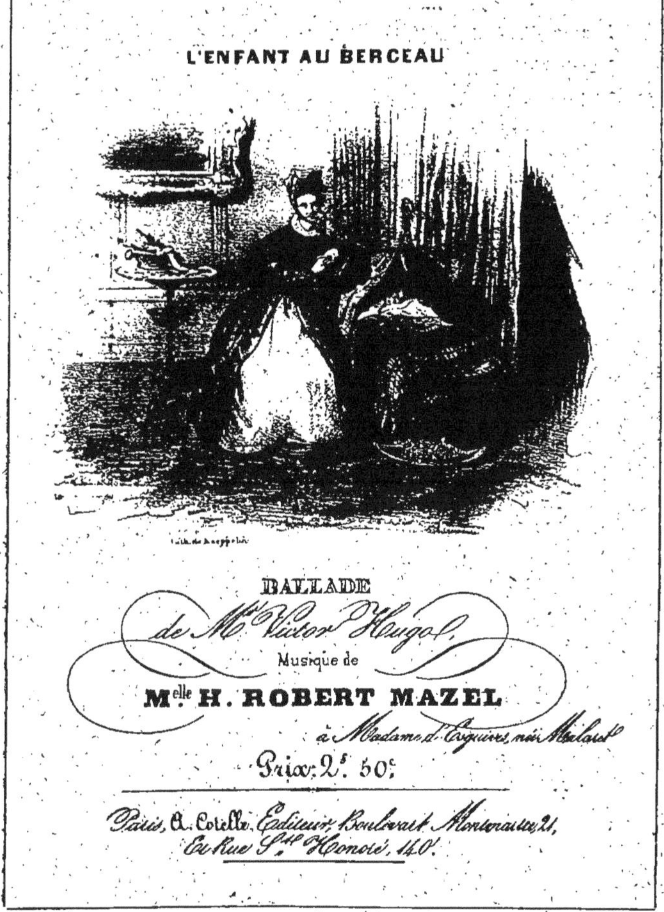

L'Enfant au berceau. Titre d'une poésie de Victor Hugo mise en musique.
Lithographie romantique.

Lorsque l'enfant paraît.

Lorsque l'enfant paraît, le cercle de famille
Applaudit à grands cris. Son doux regard qui brille
Fait briller tous les yeux.
Et les plus tristes fronts, les plus souillés peut-être,
Se dérident soudain à voir l'enfant paraître,
Innocent et joyeux.

Soit que juin ait verdi mon seuil, ou que novembre
Fasse autour d'un grand feu vacillant dans la chambre
Les chaises se toucher,
Quand l'enfant vient, la joie arrive et nous éclaire.
On rit, on se récrie, on l'appelle, et sa mère
Tremble à le voir marcher.

Quelquefois nous parlons, en remuant la flamme,
De patrie et de Dieu, des poètes, de l'âme
Qui s'élève en priant;
L'enfant paraît, adieu le ciel et la patrie,
Et les poètes saints! la grave causerie
S'arrête en souriant.

. . . .

Il est si beau, l'enfant, avec son doux sourire,
Sa douce bonne foi, sa voix qui veut tout dire,
Ses pleurs vite apaisés,
Laissant errer sa vue étonnée et ravie,
Offrant de toutes parts sa jeune âme à la vie
Et sa bouche aux baisers!

Seigneur! préservez-moi, préservez ceux que j'aime,
Frères, parents, amis, et mes ennemis même
Dans le mal triomphants,
De jamais voir, Seigneur, l'été sans fleurs vermeilles,
La cage sans oiseaux, la ruche sans abeilles,
La maison sans enfants!

(*Les Feuilles d'automne*, 18 mai 1830.)

LE CHANT VENITIEN

ROMANCES F. SCUDO publiées par FORMICA

Le Chant vénitien. Titre d'une poésie de Victor Hugo mise en musique.

Lithographie romantique (1840).

A l'Enfant malade pendant le siège.

Si vous continuez d'être ainsi toute pâle
Dans notre air étouffant,
Si je vous vois entrer dans mon ombre fatale,
Moi vieillard, vous enfant;

Si je vois de nos jours se confondre la chaîne,
Moi qui sur mes genoux
Vous contemple, et qui veux la mort pour moi prochaine,
Et lointaine pour vous;

Si vos mains sont toujours diaphanes et frêles,
Si dans votre berceau,
Tremblante, vous avez l'air d'attendre des ailes
Comme un petit oiseau;

Si vous ne semblez pas prendre sur notre terre
Racine pour longtemps,
Si vous laissez errer, Jeanne, en notre mystère
Vos doux yeux mécontents,

Si je ne vous vois pas gaie, et rose, et très forte,
Si, triste, vous rêvez,
Si vous ne fermez pas derrière vous la porte
Par où vous arrivez;

Si je ne vous vois pas comme une belle femme
Marcher, vous bien porter,
Rire, et si vous semblez être une petite âme
Qui ne veut pas rester,

Je croirai qu'en ce monde où le suaire au lange
Parfois peut confiner,
Vous venez pour partir, et que vous êtes l'ange
Chargé de m'emmener.

(*L'Année terrible.*)

Jean Chouan.

Les blancs fuyaient, les bleus mitraillaient la clairière.

Un coteau dominait cette plaine, et, derrière
Le monticule nu, sans arbre et sans gazon,
Les farouches forêts emplissaient l'horizon.

En arrière du tertre, abri sûr, rempart sombre,
Les blancs se ralliaient, comptant leur petit nombre,
Et Jean Chouan parut, ses longs cheveux au vent.
— Ah! personne n'est mort, car le chef est vivant!
Dirent-ils. Jean Chouan écoutait la mitraille.
— Nous manque-t-il quelqu'un? — Non. — Alors qu'on s'en aille,
Fuyez tous! — Les enfants, les femmes aux abois,
L'entouraient, effarés. — Fils, rentrons dans les bois!
Dispersons-nous! — Et tous, comme des hirondelles
S'évadant dans l'orage immense à tire-d'ailes,
Fuirent vers le hallier noyé dans la vapeur;
Ils couraient; les vaillants courent quand ils ont peur;
C'est un noir désarroi qu'une fuite où se mêle
Au vieillard chancelant l'enfant à la mamelle;
On craint d'être tué, d'être fait prisonnier!
Et Jean Chouan marchait à pas lents, le dernier,
Se retournant parfois et faisant sa prière.
Tout à coup on entend un cri dans la clairière,
Une femme parmi les balles apparaît.
Toute la bande était déjà dans la forêt,
Jean Chouan restait seul; il s'arrête, il regarde;
C'est une femme grosse, elle s'enfuit, hagarde
Et pâle, déchirant ses pieds nus aux buissons;
Elle est seule; elle crie : A moi, les bons garçons!
Jean Chouan, rêveur, dit : C'est Jeanne-Madeleine.
Elle est le point de mire au milieu de la plaine;
La mitraille sur elle avec rage s'abat.
Il eût fallu que Dieu lui-même se courbât,
Et la prît par la main, et la mît sous son aile,
Tant la mort formidable abondait autour d'elle;
Elle était perdue. — Ah! criait-elle, au secours!
Mais les bois sont tremblants, et les fuyards sont sourds.
Et les balles pleuvaient sur la pauvre brigande.

Alors sur le coteau qui dominait la lande
Jean Chouan bondit, fier, tranquille, altier, viril,
Debout : — C'est moi qui suis Jean Chouan! cria-t-il.
Les bleus dirent : — C'est lui, le chef! et cette tête,
Prenant toute la foudre et toute la tempête,
Fit changer à la mort de cible. — Sauve-toi!
Cria-t-il, sauve-toi, ma sœur! — Folle d'effroi,

Jeanne hâta le pas vers la forêt profonde.
Comme un pin sur la neige ou comme un mât sur l'onde,
Jean Chouan, qui semblait par la mort ébloui,
Se dressait, et les bleus ne voyaient plus que lui.
— Je resterai le temps qu'il faudra. Va, ma fille!
Va, tu seras encor joyeuse en ta famille,
Et tu mettras encor des fleurs à ton corset!
Criait-il. — C'était lui maintenant que visait
L'ardente fusillade, et sur sa haute taille,
Qui semblait presque prête à gagner la bataille,
Les balles s'acharnaient, et son puissant dédain
Souriait; il levait son bras nu... — Soudain
Par une balle, ainsi l'ours est frappé dans l'antre,
Il se sentit trouer de part en part le ventre;
Il resta droit et dit : Soit. *Ave Maria!*
Puis, chancelant, tourné vers le bois, il cria :
— Mes amis! mes amis! Jeanne est-elle arrivée?
Des voix dans la forêt répondirent : — Sauvée!
Jean Chouan murmura : C'est bien! et tomba mort.

(*La Légende des siècles.*)

Pensées.

Le Progrès. — Les brutalités du progrès s'appellent révolutions. Quand elles sont finies on reconnaît ceci : que le genre humain a été rudoyé, mais qu'il a marché.

Détruire est la besogne; édifier est l'œuvre. Le progrès démolit de la main gauche, c'est de la main droite qu'il bâtit. La main gauche du progrès se nomme la force, la main droite se nomme l'esprit.

(*William Shakspeare.*)

L'Injustice. — Et quelle société que celle qui a, à ce point, pour base la disproportion et l'injustice? Ne serait-ce pas le cas de tout prendre par les quatre coins et d'envoyer pêle-mêle au plafond la nappe, et le festin, et l'orgie, et l'ivresse, et l'ivrognerie, et les convives, et ceux qui sont à quatre pattes dessous, et les insolents qui donnent, et les idiots qui acceptent, et de recracher tout au nez de Dieu et de jeter au ciel toute la terre!

(*L'Homme qui rit.*)

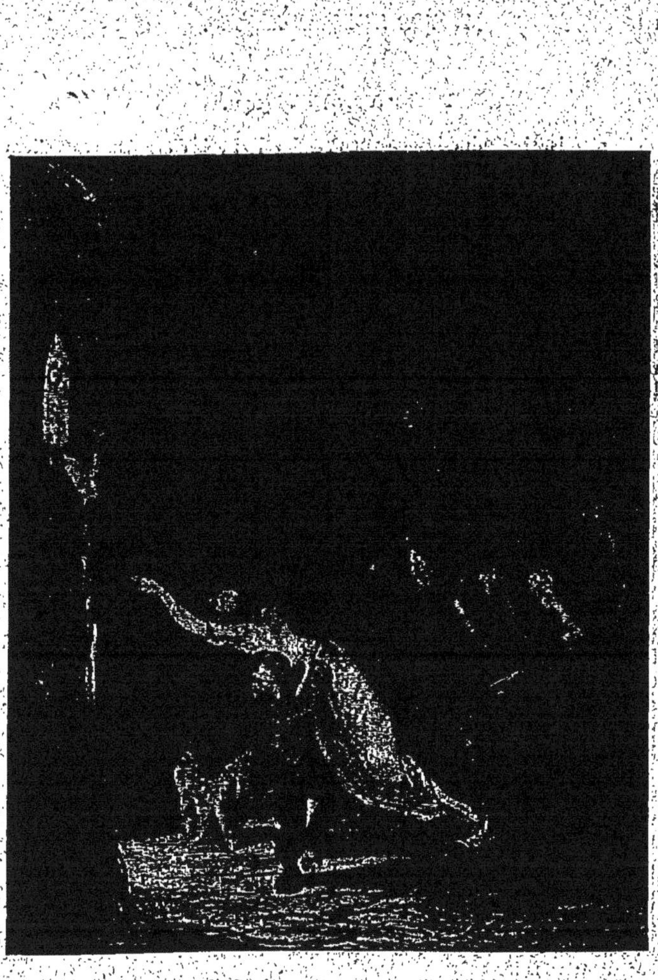

Notre-Dame de Paris. — *Quasimodo enlève Esmeralda.*

Au meurtre, au meurtre! criait la malheureuse jeune fille.

(Lithographie de Tony Johannot.)

Paris à vol d'oiseau.

Toutefois, si admirable que vous semble le Paris d'à présent, refaites le Paris du xve siècle, reconstruisez-le dans votre pensée; regardez le jour à travers cette haie surprenante d'aiguilles, de tours et de clochers; répandez au milieu de l'immense ville, déchirez à la pointe des îles, plissez aux arches des ponts la Seine avec ses larges flaques vertes et jaunes, plus changeante qu'une robe de serpent; détachez nettement sur un horizon d'azur le profil gothique de ce vieux Paris; faites-en flotter le contour dans une brume d'hiver qui s'accroche à ses nombreuses cheminées; noyez-le dans une nuit profonde et regardez le jeu bizarre des ténèbres et des lumières dans ce sombre labyrinthe d'édifices; jetez-y un rayon de lune qui le dessine vaguement et fasse sortir du brouillard les grandes têtes des tours; ou reprenez cette noire silhouette, ravivez d'ombre les mille angles aigus des flèches et des pignons, et faites-la saillir, plus dentelée qu'une mâchoire de requin, sur le ciel de cuivre du couchant. — Et puis, comparez.

Et si voulez recevoir de la vieille ville une impression que la moderne ne saurait plus vous donner, montez, un matin de grande fête, au soleil levant de Pâques ou de la Pentecôte, montez sur quelque point élevé d'où vous dominiez la capitale entière, et assistez à l'éveil des carillons. Voyez, à un signal parti du ciel, car c'est le soleil qui le donne, ces mille églises tressaillir à la fois. Ce sont d'abord des tintements épars, allant d'une église à l'autre, comme lorsque les musiciens s'avertissent qu'on va commencer. Puis, tout à coup, voyez, car il semble qu'en certains instants l'oreille aussi a sa vue, voyez s'élever au même moment de chaque clocher comme une colonne de bruit, comme une fumée d'harmonie. D'abord la vibration de chaque cloche monte droite, pure, et pour ainsi dire isolée des autres, dans le ciel splendide du matin. Puis, peu à peu, en grossissant, elles se fondent, elles se mêlent, elles s'effacent l'une dans l'autre, elles s'amalgament dans un magnifique concert. Ce n'est plus qu'une masse de vibrations sonores qui se dégage sans cesse des innombrables clochers, qui flotte, ondule, bondit, tourbillonne sur la ville, et prolonge bien au delà de l'horizon le cercle assourdissant de ses oscillations. Cependant cette mer d'harmonie n'est point un chaos. Si grosse et si profonde qu'elle soit, elle n'a point perdu sa transparence; vous y voyez serpenter à part chaque groupe de notes qui s'échappe des sonneries; vous y pouvez suivre le dialogue, tour à tour grave et criard, de la crécelle et du bourdon; vous y voyez sauter les octaves d'un clocher à l'autre; vous les regardez s'élancer ailées, légères et sifflantes de la cloche d'argent, tomber cassées et boiteuses de la cloche de bois; vous admirez au milieu d'elles la riche gamme qui descend et remonte sans cesse les sept cloches de Saint-Eustache; vous voyez courir, tout au travers, des notes claires et rapides qui font trois ou quatre zigzags lumineux et s'évanouissent comme des éclairs. Là-bas, c'est l'abbaye Saint-Martin, chanteuse aigre et fêlée; ici la voix sinistre et bourrue de la Bastille; à l'autre bout, la grosse tour du Louvre avec sa basse-taille. Le royal carillon du Palais jette sans relâche de tous côtés des trilles res-

Comme Jean Valjean aidait Cosette, Victor Hugo a aidé la jeune Marianne.
Dessin de Willette pour le menu du banquet du 7 juin 1893.

plendissants, sur lesquels tombent à temps égaux les lourdes couppetées du beffroi de Notre-Dame, qui les font étinceler comme l'enclume sous le marteau. Par intervalles, vous voyez passer des sons de toute forme qui viennent de la triple volée de Saint-Germain-des-Prés. Puis encore, de temps en temps cette masse de bruits sublimes s'entr'ouvre et donne passage à la strette de l'Ave-Maria qui éclate et pétille comme une aigrette d'étoiles. Au-dessous, au plus profond du concert, vous distinguez confusément le chant intérieur des églises qui transpire à travers les pores vibrants de leurs voûtes. — Certes, c'est là un opéra qui vaut la peine d'être écouté. D'ordinaire, la rumeur qui s'échappe de Paris le jour, c'est la ville qui parle; la nuit, c'est la ville qui respire; ici, c'est la ville qui chante. Prêtez donc l'oreille à ce tutti des clochers; répandez sur l'ensemble le murmure d'un demi-million d'hommes, la plainte éternelle du fleuve, les souffles infinis du vent, le quatuor grave et lointain des quatre forêts disposées sur les collines de l'horizon comme d'immenses buffets d'orgue; éteignez-y, ainsi que dans une demi-teinte, tout ce que le carillon central aurait de trop rauque et de trop aigu, et dites si vous connaissez au monde quelque chose de plus riche, de plus joyeux, de plus doré, de plus éblouissant que ce tumulte de cloches et de sonneries; que cette fournaise de musique; que ces dix mille voix d'airain chantant à la fois dans des flûtes de pierre hautes de trois cents pieds; que cette cité qui n'est plus qu'un orchestre; que cette symphonie qui fait le bruit d'une tempête.

(*Notre-Dame de Paris.*)

Mort de Claude Frollo.

Le sonneur recula de quelques pas derrière l'archidiacre, et tout à coup, se ruant sur lui avec fureur, de ses deux grosses mains il le poussa par le dos dans l'abîme sur lequel dom Claude était penché.

Le prêtre cria : — Damnation ! et tomba.

La gouttière au-dessus de laquelle il se trouvait l'arrêta dans sa chute. Il s'y accrocha avec des mains désespérées, et, au moment où il ouvrit la bouche pour jeter un second cri, il vit passer au rebord de la balustrade, au-dessus de sa tête, la figure formidable et vengeresse de Quasimodo.

Alors il se tut.

L'abîme était au-dessous de lui. Une chute de plus de cent pieds, et le pavé.

Dans cette situation terrible, l'archidiacre ne dit pas une parole, ne poussa pas un gémissement. Seulement il se tordit sur la gouttière avec des efforts inouïs pour remonter. Mais ses mains n'avaient pas de prise sur le granit, ses pieds rayaient la muraille noircie, sans y mordre. Les personnes qui ont monté sur les tours de Notre-Dame savent qu'il y a un renflement de la pierre immédiatement au-dessous de la balustrade. C'est sur cet angle rentrant que s'épuisait le misérable archidiacre. Il n'avait pas affaire à un mur à pic, mais à un mur qui fuyait sous lui.

Jean Valjean. (*Les Misérables.*)
Composition de Brion.

Quasimodo n'eût eu pour le tirer du gouffre qu'à lui tendre la main, mais il ne le regardait seulement pas. Il regardait la Grève. Il regardait le gibet. Il regardait l'Égyptienne.

Le sourd s'était accoudé sur la balustrade à la place où était l'archidiacre le moment d'auparavant, et là, ne détachant pas son regard du seul objet qu'il y eût pour lui au monde en ce moment, il était immobile et muet comme un homme foudroyé, et un long ruisseau de pleurs coulait en silence de cet œil qui jusqu'alors n'avait encore versé qu'une seule larme.

Cependant l'archidiacre haletait. Son front chauve ruisselait de sueur, ses ongles saignaient sur la pierre, ses genoux s'écorchaient au mur.

Il entendait sa soutane, accrochée à la gouttière, craquer et se découdre à chaque secousse qu'il lui donnait. Pour comble de malheur, cette gouttière était terminée par un tuyau de plomb qui fléchissait sous le poids de son corps. L'archidiacre sentait ce tuyau ployer lentement. Il se disait, le misérable, que quand ses mains seraient brisées de fatigue, quand sa soutane serait déchirée, quand ce plomb serait ployé, il faudrait tomber, et l'épouvante le prenait aux entrailles. Quelquefois il regardait avec égarement une espèce d'étroit plateau formé à quelque dix pieds plus bas par des accidents de sculpture, et il demandait au ciel dans le fond de son âme en détresse de pouvoir finir sa vie sur cet espace de deux pieds carrés, dût-elle durer cent années. Une fois il regarda au-dessous de lui dans la place, dans l'abîme; la tête qu'il releva fermait les yeux et avait les cheveux tout droits.

C'était quelque chose d'effrayant que le silence de ces deux hommes. Pendant que l'archidiacre à quelques pieds de lui agonisait de cette horrible façon, Quasimodo pleurait et regardait la Grève.

L'archidiacre, voyant que ses soubresauts ne servaient qu'à ébranler le fragile point d'appui qui lui restait, avait pris le parti de ne plus remuer. Il était là, embrassant la gouttière, respirant à peine, ne bougeant plus, n'ayant plus d'autres mouvements que cette convulsion machinale qu'on éprouve dans les rêves quand on croit se sentir tomber. Ses yeux fixes étaient ouverts d'une manière maladive et étonnée. Peu à peu cependant il perdait du terrain, ses doigts glissaient sur la gouttière, il sentait de plus en plus la faiblesse de ses bras et la pesanteur de son corps, la courbure du plomb qui le soutenait s'inclinait à tout moment d'un cran vers l'abîme.

Il voyait au-dessous de lui, chose affreuse, le toit de Saint-Jean-le-Rond, petit comme une carte ployée en deux. Il regardait l'une après l'autre les impassibles sculptures de la tour, comme lui suspendues sur le précipice, mais sans terreur pour elles ni pitié pour lui. Tout était de pierre autour de lui, devant ses yeux, les monstres béants, au-dessous, tout au fond de la place, le pavé, au-dessus de sa tête, Quasimodo qui pleurait.

Il y avait dans le Parvis quelques groupes de braves curieux qui cherchaient tranquillement à deviner quel pouvait être le fou qui s'amusait d'une si étrange manière. Le prêtre leur entendait dire, car leur voix arrivait jusqu'à lui, claire et grêle : — Mais il va se rompre le cou !

Quasimodo pleurait.

Enfin l'archidiacre, écumant de rage et d'épouvante, comprit que tout était inutile. Il rassembla pourtant tout ce qui lui restait de force pour un dernier effort. Il se raidit sur la gouttière, repoussa le mur de ses deux genoux, s'accrocha des mains à une fente des pierres et parvint à regrimper d'un pied peut-être ; mais cette commotion fit ployer brusquement le bec de plomb sur lequel il s'appuyait. Du même coup la soutane s'éventra. Alors, sentant tout manquer sous lui, n'ayant plus que ses mains raidies et défaillantes qui tinssent à quelque chose, l'infortuné ferma les yeux et lâcha la gouttière. Il tomba.

Quasimodo le regarda tomber.

Le policier Javert. (*Les Misérables.*)

Composition de Brion.

Une chute de si haut est rarement perpendiculaire. L'archidiacre, lancé dans l'espace, tomba d'abord la tête en bas et les deux mains étendues, puis il fit plusieurs tours sur lui-même. Le vent le poussa sur le toit d'une maison où le malheureux commença à se briser. Cependant il n'était pas mort quand il y arriva. Le sonneur le vit essayer encore de se retenir au pignon avec les ongles. Mais le plan était trop incliné et il n'avait plus de force. Il glissa rapidement sur le toit comme une tuile qui se détache et alla rebondir sur le pavé. Là, il ne remua plus.

Quasimodo alors releva son œil sur l'Égyptienne dont il voyait le corps, suspendu au gibet, frémir au loin sous sa robe blanche des derniers tressaillements de l'agonie, puis il le rabaissa sur l'archidiacre étendu au bas de la tour et n'ayant plus forme humaine, et il dit avec un sanglot qui souleva sa profonde poitrine : — Oh! tout ce que j'ai aimé !

(*Notre-Dame de Paris.*)

Waterloo.

Wellington avait reculé. Il ne restait plus qu'à achever ce recul par un écrasement.

Napoléon, se retournant brusquement, expédia une estafette à franc étrier à Paris pour y annoncer que la bataille était gagnée.

Napoléon était un de ces génies d'où sort le tonnerre.

Il venait de trouver son coup de foudre.

Il donna l'ordre aux cuirassiers de Milhaud d'enlever le plateau de Mont-Saint-Jean.

Ils étaient trois mille cinq cents. Ils faisaient un front d'un quart de lieue. C'étaient des hommes géants sur des chevaux colosses. Ils étaient vingt-six escadrons ; et ils avaient derrière eux, pour les appuyer, la division de Lefebvre-Desnouettes, les cent six gendarmes d'élite, les chasseurs de la garde, onze cent quatre-vingt-dix-sept hommes, et les lanciers de la garde, huit cent quatre-vingts lances. Ils portaient le casque sans crins et la cuirasse de fer battu, avec les pistolets d'arçon dans les fontes et le long sabre-épée. Le matin toute l'armée les avait admirés, quand, à neuf heures, les clairons sonnant, toutes les musiques chantant *Veillons au salut de l'empire*, ils étaient venus, colonne épaisse, une de leurs batteries à leur flanc, l'autre à leur centre, se déployer sur deux rangs entre la chaussée de Genappe et Frischemont, et prendre leur place de bataille dans cette puissante deuxième ligne, si savamment composée par Napoléon, laquelle, ayant à son extrémité de gauche les cuirassiers de Kellermann et à son extrémité de droite les cuirassiers de Milhaud, avait, pour ainsi dire, deux ailes de fer.

L'aide de camp Bernard leur porta l'ordre de l'empereur. Ney tira son épée et prit la tête. Les escadrons énormes s'ébranlèrent.

Alors on vit un spectacle formidable.

Toute cette cavalerie, sabres levés, étendards et trompettes au vent, formée en colonne par division, descendit d'un même mouvement et comme un seul homme, avec la précision d'un bélier de bronze qui ouvre une brèche, la colline de la Belle-Alliance, s'enfonça dans le fond redoutable où tant d'hommes déjà étaient tombés, y disparut dans la fumée, puis, sortant de cette ombre, reparut de l'autre côté du vallon, toujours compacte et serrée, montant au grand trot, à travers un nuage de mitraille crevant sur elle, l'épouvantable pente de boue du plateau de Mont-Saint-Jean. Ils montaient, graves, menaçants, imperturbables; dans les intervalles de la mousqueterie et de l'artillerie, on entendait ce piétinement colossal. Étant deux divisions, ils étaient deux colonnes; la division Wathier avait la droite, la division Delord avait la gauche. On croyait voir de loin s'allonger vers la crête du plateau deux immenses couleuvres d'acier. Cela traversa la bataille comme un prodige.

Fantine. (*Les Misérables.*)
Composition de Brion.

Rien de semblable ne s'était vu depuis la prise de la grande redoute de la Moskowa par la grosse cavalerie ; Murat y manquait, mais Ney s'y retrouvait. Il semblait que cette masse était devenue monstre et n'eût qu'une âme. Chaque escadron ondulait et se gonflait comme un anneau du polype. On les apercevait à travers une vaste fumée déchirée çà et là. Pêle-mêle de casques, de cris, de sabres, bondissement orageux des croupes des chevaux dans le canon et la fanfare, tumulte discipliné et terrible ; là-dessus les cuirasses, comme les écailles sur l'hydre.

Ces récits semblent d'un autre âge. Quelque chose de pareil à cette vision apparaissait sans doute dans les vieilles épopées orphiques racontant les hommes-chevaux, les antiques hippanthropes, ces titans à face humaine et à poitrail équestre dont le galop escalada l'Olympe, horribles, invulnérables, sublimes; dieux et bêtes.

Bizarre coïncidence numérique, vingt-six bataillons allaient recevoir ces vingt-six escadrons. Derrière la crête du plateau, à l'ombre de la batterie masquée, l'infanterie anglaise, formée en treize carrés, deux bataillons par carré, et sur deux lignes, sept sur la première, six sur la seconde, la crosse à l'épaule, couchant en joue ce qui allait venir, calme, muette, immobile, attendait. Elle ne voyait pas les cuirassiers et les cuirassiers ne la voyaient pas. Elle écoutait monter cette marée d'hommes. Elle entendait le grossissement du bruit des trois mille chevaux, le frappement alternatif et symétrique des sabots au grand trot, le froissement des cuirasses, le cliquetis des sabres, et une sorte de grand souffle farouche. Il y eut un silence redoutable, puis, subitement, une longue file de bras levés brandissant des sabres apparut au-dessus de la crête, et les casques, et les trompettes, et les étendards, et trois mille têtes à moustaches grises criant : Vive l'empereur! Toute cette cavalerie déboucha sur le plateau, et ce fut comme l'entrée d'un tremblement de terre.

Tout à coup, chose tragique, à la gauche des Anglais, à notre droite, la tête de colonne des cuirassiers se cabra avec une clameur effroyable. Parvenus au point culminant de la crête, effrénés, tout à leur furie et à leur course d'extermination sur les carrés et les canons, les cuirassiers venaient d'apercevoir entre eux et les Anglais un fossé, une fosse. C'était le chemin creux d'Ohain.

L'instant fut épouvantable. Le ravin était là, inattendu, béant, à pic sous les pieds des chevaux, profond de deux toises entre son double talus; le second rang y poussa le premier, et le troisième y poussa le second; les chevaux se dressaient, se rejetaient en arrière, tombaient sur la croupe, glissaient les quatre pieds en l'air, pilant et bouleversant les cavaliers, aucun moyen de reculer, toute la colonne n'était plus qu'un projectile, la force acquise pour écraser les Anglais écrasa les Français, le ravin inexorable ne pouvait se rendre que comblé, cavaliers et chevaux y roulèrent pêle-mêle se broyant les uns les autres, ne faisant qu'une chair dans ce gouffre, et quand cette fosse fut pleine d'hommes vivants, on marcha dessus et le reste passa. Presque un tiers de la brigade Dubois croula dans cet abîme.

Ceci commença la perte de la bataille.

Une tradition locale, qui exagère évidemment, dit que deux mille chevaux et quinze cents hommes furent ensevelis dans le chemin creux d'Ohain. Ce chiffre vraisemblablement comprend tous les autres cadavres qu'on jeta dans ce ravin le lendemain du combat.

Notons en passant que c'était cette brigade Dubois, si funestement éprouvée, qui, une heure auparavant, chargeant à part, avait enlevé le drapeau du bataillon de Lunebourg.

Napoléon, avant d'ordonner cette charge des cuirassiers de Milhaud, avait scruté le terrain, mais n'avait pu voir ce chemin creux qui ne faisait pas même une ride à la surface du plateau. Averti pourtant et mis en éveil par la petite chapelle blanche qui en marque l'angle sur la

Les Thénardier. (*Les Misérables.*)
Composition de Brion.

chaussée de Nivelles, il avait fait, probablement sur l'éventualité d'un obstacle, une question au guide Lacoste. Le guide avait répondu non. On pourrait presque dire que de ce signe de tête d'un paysan est sortie la catastrophe de Napoléon.

D'autres fatalités encore devaient surgir.

Était-il possible que Napoléon gagnât cette bataille? Nous répondons non. Pourquoi? A cause de Wellington? à cause de Blücher? Non. A cause de Dieu.

Bonaparte vainqueur à Waterloo, ceci n'était plus dans la loi du XIXe siècle. Une autre série de faits se préparait, où Napoléon n'avait plus de place. La mauvaise volonté des événements s'était annoncée de longue date.

Il était temps que cet homme vaste tombât.

L'excessive pesanteur de cet homme dans la destinée humaine troublait l'équilibre. Cet individu comptait à lui seul plus que le groupe universel. Ces pléthores de toute la vitalité humaine concentrée dans une seule tête, cela serait mortel à la civilisation, si cela durait. Le moment était venu pour l'incorruptible équité suprême d'aviser. Probablement les principes et les éléments, d'où dépendent les gravitations régulières dans l'ordre moral comme dans l'ordre matériel, se plaignaient. Le sang qui fume, le trop-plein des cimetières, les mères en larmes, ce sont des plaidoyers redoutables. Il y a, quand la terre souffre d'une surcharge, de mystérieux gémissements de l'ombre, que l'abîme entend.

Napoléon avait été dénoncé dans l'infini, et sa chute était décidée.

Il gênait Dieu.

Waterloo n'est point une bataille : c'est le changement de front de l'univers.

(*Les Misérables.*)

La Conscience et l'Etre. — Rien en moi ne répugne à ce que l'arbre ait la conscience de son fruit; mais certes l'homme n'a pas la conscience de sa destinée. La vie et l'intelligence de l'homme sont à la merci de je ne sais pas quelle machine obscure, appelée par les uns la *providence*, par les autres le *hasard*, qui mêle, combine et décompose tout, qui dérobe ses rouages dans les ténèbres et qui étale ses résultats au grand jour. On croit faire une chose, et l'on en fait une autre. *Urceus exit.* L'histoire est pleine de cela...

Et au milieu de ce chaos il y a des lois. Le chaos n'est que l'apparence, l'ordre est au fond. Après de longs intervalles, les mêmes faits effrayants, qui ont déjà fait lever les yeux à nos pères, reviennent, comme des comètes, des plus ténébreuses profondeurs de l'histoire. Ce sont toujours les mêmes embûches, toujours les mêmes chutes, toujours les mêmes trahisons, toujours les mêmes écueils; les noms changent, les choses persistent.

(*Le Rhin.*)

La Vérité et la liberté. — En révolution, tout mouvement fait avancer. La vérité et la liberté ont cela d'excellent que tout ce qu'on fait pour elles et tout ce qu'on fait contre elles les sert également.

Gavroche. (*Les Misérables.*)
Composition de Brion.

L'Image et la poésie. — Qu'un vers ait une bonne forme, cela n'est pas tout; il faut absolument, pour qu'il ait parfum, couleur et saveur, qu'il contienne une idée, une image ou un sentiment. L'abeille construit activement les six pans de son alvéole de cire, et puis elle l'emplit de miel. L'alvéole, c'est le vers; le miel, c'est la poésie. (*Litt. et philos. mêlées.*)

L'Accommodement. — Puisque ce monde existe, il sied qu'on le tolère!

La Faim. — La faim fait un trou dans le cœur de l'homme et y met la haine.

Maturité du talent. — Dans toute œuvre de la pensée, drame, poème ou roman, il entre trois ingrédients : ce que l'auteur a senti, ce que l'auteur a observé, ce que l'auteur a deviné. Dans le roman en particulier, pour qu'il soit bon, il faut qu'il y ait beaucoup de choses senties, beaucoup de choses observées et que les choses devinées dérivent logiquement et simplement et sans solution de continuité des choses observées et des choses senties...

Quand la première saison est passée, quand le front se penche, quand on sent le besoin de faire autre chose que des histoires curieuses pour effrayer les vieilles femmes et les petits enfants, quand on a usé au frottement de la vie les aspérités de la jeunesse, on reconnaît que toute invention, toute création, toute divination de l'art doit avoir pour base l'étude, l'observation, le recueillement, la science, la mesure, la comparaison, la méditation sérieuse, le dessin attentif et continuel de chaque chose d'après nature, la critique consciencieuse de soi-même; et l'inspiration qui se dégage selon ces nouvelles conditions, loin d'y rien perdre, y gagne un plus large souffle et de plus fortes ailes. Le poète alors sait complètement où il va. Toute la rêverie flottante de ses premières années se cristallise en quelque sorte et fait pensée. Cette seconde époque de la vie est ordinairement pour l'artiste celle des grandes œuvres. Encore jeune et déjà mûr. C'est la phase précieuse, le point intermédiaire et culminant, l'heure chaude et rayonnante de midi, le moment où il y a le moins d'ombre et le plus de lumière possible.

(*Han d'Islande*, Préface.)

Mutation. Transformisme. — Mauvais éloge d'un homme que de dire : « Son opinion politique n'a pas varié depuis quarante ans. » C'est dire que pour lui il n'y a eu ni expérience de chaque jour, ni réflexion, ni repli de la pensée sur les faits. C'est louer une eau d'être stagnante, un arbre d'être mort; c'est préférer l'huître à l'aigle. Tout est variable au contraire dans l'opinion; rien n'est absolu dans les choses politiques, excepté la moralité intérieure de ces choses. Or, cette moralité est affaire de conscience et non d'opinion. L'opinion d'un homme peut donc changer honorablement, pourvu que sa conscience ne change pas. Progressif ou rétrograde, le mouvement est essentiellement vital, humain, social.

(*Litt. et philos. mêlées.*)

La Vie. — La vie est un mets qui n'agrée que par la sauce.

Jean Valjean (M. Madeleine) et Cosette. (*Les Misérables.*)
Composition de Brion.

La Patrie future. — Quelles que soient les antipathies momentanées et les jalousies de frontières, toutes les nations policées appartiennent au même centre et sont indissolublement liées entre elles par une secrète et profonde unité. La civilisation nous fait à tous les mêmes entrailles, le même esprit, le même but, le même avenir... En attendant, la civilisation tout entière est la patrie du penseur. Cette patrie n'a d'autre frontière que la ligne sombre et fatale où commence la barbarie. Un jour, espérons-le, le globe entier sera civilisé, tous les points de la demeure humaine seront éclairés, et alors sera accompli le magnifique rêve de l'intelligence : avoir pour patrie le monde et pour nation l'humanité. (*Les Burgraves*, Préface.)

Monologue de Charles-Quint.

Les conjurés, qui ont résolu la mort de don Carlos, roi d'Espagne, ont choisi, comme lieu de rendez-vous, le caveau sépulcral où se trouve à Aix-la-Chapelle le tombeau de Charlemagne. Don Carlos pénètre avant eux dans le souterrain et, laissé seul, est agité de plus hautes pensées que les rêves d'amour dont on l'a vu occupé dans les actes précédents En ce moment, les électeurs délibèrent ; il s'agit pour lui de savoir s'ils le préféreront à François Ier, si don Carlos va devenir Charles-Quint. Il attend avec anxiété leur décision dans le tombeau du grand empereur. C'est là que se place ce monologue célèbre :

DON CARLOS, *seul.*

Charlemagne, pardon ! — Ces voûtes solitaires
Ne devraient répéter que paroles austères.
Tu t'indignes sans doute à ce bourdonnement
Que nos ambitions font sur ton monument.
— Charlemagne est ici ! — Comment, sépulcre sombre,
Peux-tu sans éclater contenir si grande ombre ?
Es-tu bien là, géant d'un monde créateur,
Et t'y peux-tu coucher de toute ta hauteur ? —
Ah ! c'est un beau spectacle à ravir la pensée
Que l'Europe ainsi faite et comme il l'a laissée !
Un édifice, avec deux hommes au sommet,
Deux chefs élus auxquels tout roi né se soumet.
Presque tous les États, duchés, fiefs militaires,
Royaumes, marquisats, tous sont héréditaires,
Mais le peuple a parfois son pape ou son césar.
Tout marche, et le hasard corrige le hasard.
De là vient l'équilibre, et toujours l'ordre éclate.
Électeurs de drap d'or, cardinaux d'écarlate,
Double sénat sacré dont la terre s'émeut,
Ne sont là qu'en parade, et Dieu veut ce qu'il veut.
Qu'une idée, au besoin des temps, un jour éclose,
Elle grandit, va, court, se mêle à toute chose,
Se fait homme, saisit les cœurs, creuse un sillon :
Maint roi la foule aux pieds ou lui met un bâillon ;
Mais qu'elle entre un matin à la diète, au conclave,
Et tous les rois soudain verront l'idée esclave,
Sur leurs têtes de rois que ses pieds courberont,
Surgir, le globe en main ou la tiare au front.
Le pape et l'empereur sont tout. Rien n'est sur terre
Que pour eux et par eux. Un suprême mystère
Vit en eux, et le ciel, dont ils ont tous les droits,
Leur fait un grand festin des peuples et des rois,
Et les tient sous sa nue, où son tonnerre gronde,
Seuls, assis à la table où Dieu leur sert le monde.
Tête à tête ils sont là, réglant et retranchant,
Arrangeant l'univers comme un faucheur son champ.

Les Romains échevelés à la première représentation d'*Hernani*.
Caricature de Granville extraite de *Jérôme Paturot à la recherche d'une position sociale*, par Louis Reybaud (1846).

Le Diable au cor, mélodie dédiée à Sarah Bernhardt par l'auteur d'*Hernani*.
Reproduction d'un croquis de Stop pour le *Journal amusant*.

Tout se passe entre eux deux. Les rois sont à la porte,
Respirant la vapeur des mets que l'on apporte,
Regardant à la vitre, attentifs, ennuyés,
Et se haussant, pour voir, sur la pointe des pieds.
Le monde au-dessous d'eux s'échelonne et se groupe.
Ils font et défont. L'un délie et l'autre coupe.
L'un est la vérité, l'autre est la force. Ils ont
Leur raison en eux-même, et sont parce qu'ils sont.
Quand ils sortent, tous deux égaux, du sanctuaire,
L'un dans sa pourpre, et l'autre avec son blanc suaire,
L'univers ébloui contemple avec terreur
Ces deux moitiés de Dieu, le pape et l'empereur.
— L'empereur! l'empereur! être empereur! — O rage,
Ne pas l'être! et sentir son cœur plein de courage! —
Qu'il fut heureux celui qui dort dans ce tombeau!
Qu'il fut grand! De son temps c'était encor plus beau.
Le pape et l'empereur! ce n'était plus deux hommes.
Pierre et César! en eux accouplant les deux Romes,
Fécondant l'une et l'autre en un mystique hymen,
Redonnant une forme, une âme au genre humain,
Faisant refondre en bloc peuples et pêle-mêle
Royaumes pour en faire une Europe nouvelle,
Et tous deux remettant au moule de leur main
Le bronze qui restait du vieux monde romain!
Oh! quel destin! — Pourtant cette tombe est la sienne!
Tout est-il donc si peu que ce soit là qu'on vienne?
Quoi donc! avoir été prince, empereur et roi!
Avoir été l'épée, avoir été la loi!
Géant, pour piédestal avoir eu l'Allemagne!
Quoi! pour titre césar et pour nom Charlemagne!
Avoir été plus grand qu'Annibal, qu'Attila,
Aussi grand que le monde!... et que tout tienne là!
Ah! briguez donc l'empire, et voyez la poussière
Que fait un empereur! Couvrez la terre entière
De bruit et de tumulte; élevez, bâtissez
Votre empire, et jamais ne dites: C'est assez!
Taillez à larges pans un édifice immense!
Savez-vous ce qu'un jour il en reste? ô démence!
Cette pierre! Et du titre et du nom triomphants?
Quelques lettres à faire épeler des enfants!
Si haut que soit le but où votre orgueil aspire,
Voilà le dernier terme!... — Oh! l'empire! l'empire!
Que m'importe? j'y touche et le trouve à mon gré.
Quelque chose me dit: Tu l'auras! — Je l'aurai. —
Si je l'avais!... — O ciel! être ce qui commence!
Seul, debout, au plus haut de la spirale immense!
D'une foule d'États l'un sur l'autre étagés
Être la clef de voûte, et voir sous soi rangés

Titre du drame de Victor Hugo *Le Roi s'amuse.*
Composition de Tony Johannot (Renduel, 1832).

Les rois, et sur leur tête essuyer ses sandales ;
Voir au-dessous des rois les maisons féodales,
Margraves, cardinaux, doges, ducs à fleurons;
Puis évêques, abbés, chefs de clans, hauts barons;
Puis clercs et soldats; puis, loin du faîte où nous sommes,
Dans l'ombre, tout au fond de l'abîme, — les hommes.
— Les hommes ! c'est-à-dire une foule, une mer,
Un grand bruit, pleurs et cris, parfois un rire amer,
Plainte qui, réveillant la terre qui s'effare,
A travers tant d'échos nous arrive fanfare !
Les hommes ! — Des cités, des tours, un vaste essaim,
De hauts clochers d'église à sonner le tocsin ! —

Rêvant.

Base de nations portant sur leurs épaules
La pyramide énorme appuyée aux deux pôles,

Flots vivants, qui, toujours l'étreignant de leurs plis,
La balancent, branlante, à leur vaste roulis,
Font tout changer de place et, sur ses hautes zones,
Comme des escabeaux font chanceler les trônes,
Si bien que tous les rois, cessant leurs vains débats,
Lèvent les yeux au ciel... Rois ! regardez en bas !
— Ah ! le peuple ! — océan ! — onde sans cesse émue,
Où l'on ne jette rien sans que tout ne remue !
Vague qui broie un trône et qui berce un tombeau !
Miroir où rarement un roi se voit en beau !
Ah ! si l'on regardait parfois dans ce flot sombre,
On y verrait, au fond, des empires sans nombre,
Grands vaisseaux naufragés, que son flux et reflux
Roule, et qui le gênaient, et qu'il ne connaît plus !
— Gouverner tout cela ! — Monter, si l'on vous nomme,
A ce faîte ! Y monter, sachant qu'on n'est qu'un homme !
Avoir l'abîme là !... — Pourvu qu'en ce moment
Il n'aille pas me prendre un éblouissement !
Oh ! d'États et de rois mouvante pyramide,
Ton faîte est bien étroit ! Malheur au pied timide !
A qui me retiendrais-je ? Oh ! si j'allais faillir
En sentant sous mes pieds le monde tressaillir !
En sentant vivre, sourdre et palpiter la terre !
— Puis, quand j'aurai ce globe entre mes mains, qu'en faire ?
Le pourrai-je porter seulement ? Qu'ai-je en moi ?
Être empereur, mon Dieu ! j'avais trop d'être roi !
Certe, il n'est qu'un mortel de race peu commune
Dont puisse s'élargir l'âme avec la fortune.
Mais, moi ! qui me fera grand ? qui sera ma loi ?
Qui me conseillera ?

Il tombe à deux genoux devant le tombeau.

Charlemagne ! c'est toi !
Ah ! puisque Dieu, pour qui tout obstacle s'efface,
Prend nos deux majestés et les met face à face,
Verse-moi dans le cœur, du fond de ce tombeau,
Quelque chose de grand, de sublime et de beau !
Oh ! par tous ces côtés fais-moi voir toute chose.
Montre-moi que le monde est petit, car je n'ose
Y toucher. Montre-moi que sur cette Babel
Qui du pâtre à César va montant jusqu'au ciel,
Chacun en son degré se complaît et s'admire,
Voit l'autre par-dessous et se retient d'en rire.
Apprends-moi tes secrets de vaincre et de régner,
Et dis-moi qu'il vaut mieux punir que pardonner !
— N'est-ce pas ? — S'il est vrai qu'en son lit solitaire
Parfois une grande ombre au bruit que fait la terre
S'éveille, et que soudain son tombeau large et clair
S'entr'ouvre, et dans la nuit jette au monde un éclair,

Sarah Bernhardt dans le rôle de Marie de Neubourg (*Ruy Blas*).

Phot. Carjat.

Si cette chose est vraie, empereur d'Allemagne,
Oh ! dis-moi ce qu'on peut faire après Charlemagne !
Parle ! dût en parlant ton souffle souverain
Me briser sur le front cette porte d'airain !
Ou plutôt, laisse-moi seul dans ton sanctuaire
Entrer, laisse-moi voir ta face mortuaire,
Ne me repousse pas d'un souffle d'aquilons,
Sur ton chevet de pierre accoude-toi. Parlons.
Oui, dusses-tu me dire, avec ta voix fatale,
De ces choses qui font l'œil sombre et le front pâle !
Parle, et n'aveugle pas ton fils épouvanté,
Car ta tombe sans doute est pleine de clarté !
Ou, si tu ne dis rien, laisse en ta paix profonde
Carlos étudier ta tête comme un monde ;
Laisse, qu'il te mesure à loisir, ô géant,
Car rien n'est ici-bas si grand que ton néant !
Que la cendre, à défaut de l'ombre, me conseille !

Il approche la clef de la serrure.

Entrons.

Il recule.

Dieu ! s'il allait me parler à l'oreille !
S'il était là, debout et marchant à pas lents !
Si j'allais ressortir avec des cheveux blancs !

(*Hernani*, IV, sc. II.)

La Nature et la vie. — Après tout on ne vit pas longtemps. C'est vite fait, la vie humaine. Hé bien! non, c'est long! Par intervalles, pour que nous ne nous découragions pas, pour que nous ayons la stupidité de consentir à être, et pour que nous ne profitions pas des magnifiques occasions de nous pendre que nous offrent toutes les cordes et tous les clous, la nature a l'air de prendre un peu soin de l'homme. Elle fait pousser le blé, elle fait mûrir le raisin, elle fait chanter le rossignol, cette sournoise de nature. De temps en temps, un rayon d'aurore, c'est là ce qu'on appelle le bonheur. Une mince bordure de bien autour de l'immense suaire du mal. Nous avons une destinée dont le diable a fait l'étoffe et dont Dieu a fait l'ourlet.

(*L'Homme qui rit.*)

La Mode. — Les modes dans les arts font autant de mal que les révolutions font de bien. Les modes substituent le chic, le poncif et le procédé d'atelier à l'étude austère de chaque chose et aux originalités individuelles. Les modes mettent à la disposition de tout le monde une manière vernissée et chatoyante, peu solide sans doute, mais qui a quelquefois un éclat de surface plus vif et plus amusant à l'œil que le rayonnement tranquille du talent. Les modes défigurent tout, font la grimace de tout profil et la parodie de toute œuvre. Gardons-nous des modes dans le style; espérons cette réserve de la sagesse des jeunes et brillants écrivains qui mènent au progrès les générations de leur âge. Il serait fâcheux qu'on en vînt un jour à posséder des recettes courantes pour faire du style original comme les chimistes de cabaret font du vin de champagne en mêlant, selon certaines doses, à n'importe quel vin blanc convenablement édulcoré, de l'acide tartrique et du bicarbonate de soude. Ce style et ce vin moussent, la grosse foule s'en grise, mais le connaisseur n'en boit pas.

(*Litt. et philos. mêlées.*)

VICTOR HUGO EN CARICATURES

Victor Hugo; plâtre-caricature de Dantan (1838).
Le nom du poète est écrit sous forme de rébus.

Fragment du *Grand chemin de la postérité*. Lithographie de Benjamin Roubaud, dit « Benjamin ».

Hugo,
Roi des Hugolâtres, armé de sa bonne lame de Tolède et portant la bannière de Notre-Dame de Paris.

Th. Gautier. Cassagnac des Antilles. Francis Wey. Paul Foucher.

LANTERNE MAGIQUE DES AUTEURS ET JOURNALISTES,

Par NADAR.

Place à cette queue leu-leu ! Le père et maître Victor Hugo ouvre la marche ; c'est un honneur que nous ne pouvions
lui ôter, bien que les circonstances rendent un peu impossible cette biographie *pour rire*. Au reste on a dit, et nous-
même assez de fois sur lui tout ce qu'on en avait à dire pour que nous jugions cette fois le père dans sa progéniture, le
maître dans les élèves, l'arbre dans ses fruits. Passons donc vite en nous inclinant, et voyons ces jolis caudataires.
Avance d'abord, toi, monsieur Vacquerie ! — Auguste VACQUERIE. Synonymes : Vackri, Vackri (plus usité) Tragaldabas,
Porc-aux-choux, etc. Signalement : barbe inculte, nez farouche, maigreur diaphane, né sous un chêne. Racinophobe
peu fréquent dans les salons, tatoué de paradoxes, ennemi né de toutes les bretelles physiques et morales de la nature
et de la civilisation. A fait les théâtres au *Globe*, à *L'Epoque* ; fondateur quatrième de *L'Evénement*, dont il a, veuf conso-
lable, continué le petit commerce dans *L'Avénement* (Beaucoup d'esprit et très souvent du meilleur). Affectueux et
aimable ; pour le quart d'heure et depuis plusieurs mois il égaie la Conciergerie. — Paul MEURICE (voyez *Clair de lune*).
C'est Vacquerie qui l'appelle *Clair de lune*, ce qui ne veut peut-être pas dire que Vacquerie soit le soleil. Meurice n
fait des concessions à la civilisation ; ne va pas jusqu'à mettre des gants, mais est né à Paris. Il ne porte même pas sa
barbe, met un bonnet de coton pour dormir, a cru avoir besoin d'Alexandre Dumas pour faire *Hamlet* derrière Shakspeare et d'A. Vacquerie pour faire *Antigone* après Sophocle. On l'appelle encore *sœur Maurice*. Charmant garçon et
fort aimé. (Pour l'instant et depuis plusieurs mois tient compagnie à Vacquerie à la Conciergerie). — Charles HUGO,
né en plein Paris. Trop beau garçon ; on retrouve en lui la splendide beauté de madame Hugo. Charles est double :
véritable animal le jour, jusqu'à deux heures il dort ou reste assoupi, hérissé, broussailleux, indifférent à tout au
monde, mais le soir cette sauvage fierté s'évanouit : vous voyez entrer dans un salon un jeune *polka* peigné, lustré,
rompu aux convenances et bien mis jusqu'à l'abus : c'est l'animal du matin. (Actuellement tient compagnie à P. Meurice.) — François-Victor HUGO, plus connu sous le nom de TOTO, est né à Paris, mais il aurait pu naître à Londres.
Parfumé, lustré, verni à neuf à perpétuité, une raie derrière la tête, le bras en trompe d'éléphant ou côte de melon.
C'est lui surtout que son père regardait dans ce vers des *Burgraves* : « Et les fils de nos fils qui sont moins gueux que
nous. » Depuis plusieurs mois il tient compagnie à Charles Hugo. — Adolphe GAIFFE. Il a traité Vacquerie de *Burgrave*.
Bon à lier.

Caricature et légende de Nadar faisant allusion à l'emprisonnement des principaux rédacteurs de *L'Evénement*, à la suite des violentes attaques de Charles Hugo contre la peine de mort (1851).

Victor Hugo.
D'après un croquis d'Isabey (1840).

Parodie de la manière de Victor Hugo.

Où, ô Hugo ! huchera-t-on ton nom ?
Justice enfin rendu que ne t'a-t-on ?
Quand donc au corps qu'académique on nomme,
Grimperas-tu, de roc en roc, rare homme ?

Victor Hugo.

On vient de lui poser une question grave, il se livre à des réflexions sombres — la réflexion sombre peut seule éclaircir la question grave ! — aussi est-il le plus sombre de tous les grands hommes graves.

Dessin de Daumier.

VICTOR HUGO PAR BENJAMIN (1848).
(Le Panthéon charivarique.)

Hugo, lorgnant les voûtes bleues,
Au Seigneur demande tout bas :
Pourquoi les astres ont des queues
Quand les *Burgraves* n'en ont pas.

Caricature de H. Daumier sur l'échec des *Burgraves* au Théâtre-Français.

Victor Hugo, par Nadar. (*Binettes contemporaines.*)

Parodie de la manière de Victor Hugo.

PANTHÉISME.

C'est le Milieu, la Fin et le Commencement,
Trois, et pourtant Zéro, Néant et pourtant Nombre
Obscur, puisqu'il est clair, et clair, puisqu'il est sombre ;
C'est lui la Certitude, et lui l'Effarement.

Il nous dit oui toujours, puis toujours se dément.
Oh ! qui dévoilera quel fil de Lune ou d'Ombre
Unit la fange noire et le bleu firmament,
Et tout ce qui va naître avec tout ce qui sombre.

Victor Hugo sculptant les bustes de Danton, Robespierre et Marat.

Caricature de Gill (*L'Éclipse*, 1874).

Car Tout est tout! Là-haut, dans l'Océan du ciel,
Nagent parmi les flots d'or rouge et les désastres,
Ces poissons phosphoreux que l'on nomme des Astres.

Pendant que dans le Ciel de la Mer, plus réel,
Plus palpable, ô Protéus, mais plus couvert de voiles,
Le vague zoophyte a des formes d'étoiles!

(*Le Parnassiculet contemporain.*)

Sous cette composition de Gill, publiée dans l'*Éclipse*, on lit ces vers autographes de V. Hugo :

Soyons les serviteurs du droit
Et les esclaves du devoir.

HUGO ET SES CONTEMPORAINS

Hommages et opinions.

Je salue en Victor Hugo le poète victorieux des anciens combats. L'honorer aujourd'hui d'un culte, c'est protester contre ceux qui l'ont nié autrefois, c'est croire à la force éternelle et triomphante du génie

Emile Zola

Père, bénis tes fils versant d'heureuses larmes.
Maître, nous t'apportons notre prose ou nos vers.
Français, reçois les vœux de l'immense univers.
Drapeau, le régiment te présente les armes.

François Coppée

Victor Hugo fut un très grand homme; ce fut surtout un homme extraordinaire, vraiment unique. Il semble qu'il fut créé par un décret spécial et nominatif de l'Éternel. Toutes les catégories de l'histoire sont en lui déjouées... Fut-il Français, Allemand, Espagnol? Il fut tout cela et quelque chose encore. Son génie est au-dessus de toutes les distinctions de races; aucune des familles qui se partagent l'espèce humaine au physique et au moral ne peut se l'attribuer.

Est-il spiritualiste? est-il matérialiste? Je l'ignore... Son culte principal, j'ose presque dire unique, est pour deux ou trois énormes réalités, telles que Paris, Napoléon, le peuple. Sur les âmes, il a les idées de Tertullien; il croit les voir, les toucher; son immortalité n'est que l'immortalité de la tête. Il est avec cela hautement idéaliste... Sa vie s'est passée avec la puissante obsession d'un infini vivant, qui l'embrassait, le débordait de toutes parts...

Le monde est pour lui comme un diamant à mille faces, étincelant de feux intérieurs, suspendu dans une nuit sans bornes. Il veut rendre ce qu'il voit, ce qu'il sent; matériellement, il ne le peut... Il s'obstine, il balbutie; il se raidit contre l'impossible; il ne consent pas à se taire... Sa prodigieuse imagination complète ce que sa raison ne perçoit pas. Souvent au-dessus de l'humanité, parfois il est au-dessous, comme un cyclope à peine dégagé de la matière, il a des secrets d'un monde perdu. Son œuvre immense est le mirage d'un univers qu'aucun œil ne sait plus voir.

Ses défauts furent ainsi des défauts nécessaires; il n'eût pas existé sans eux; ce furent les défauts d'une force inconsciente de la nature, agissant par l'effet d'une tension intérieure... M. Hugo était devenu un symbole, un principe, une affirmation, l'affirmation de l'idéalisme et de l'art libre. Il se devait à sa propre religion; il était comme un dieu qui serai en même temps son prêtre à lui-même. Sa haute et forte nature se prêtait à un tel rôle, qui eût été insupportable pour tout autre. C'était le moins libre des hommes et cela ne lui pesait pas. Un grand instinct se faisait jour par lui... Il n'avait pas le temps d'avoir du goût, et cela, d'ailleurs, lui eût peu servi. Sa politique devaitt êre celle qui allait le mieux à la bataille. Elle était en réalité subordonnée à ses stratégies littéraires... Éternel honneur de notre race! Partis des deux pôles opposés, M. Hugo et Voltaire se rencontrent dans l'amour de la justice et de l'humanité...

Ernest Renan.

Il y a dans son œuvre trop d'attitudes, trop de sentiments, trop de façons de voir le monde et l'histoire que j'ai peine à comprendre et qui même répugnent à mes plus chères habitudes d'esprit. Les milliers de vers où il dit : « Moi, le penseur », où il se qualifie de mage effaré, où il se compare aux lions et aux aigles, où il menace l'ombre, la nuit et le mystère de je ne sais quelle effraction, sont insupportables aux hommes modestes et à ceux qui essayent vraiment de penser...

Mais avec tout cela, Victor Hugo est unique, il est dieu. On peut affirmer, je crois, que nul poète, ni dans les temps anciens, ni dans les temps modernes, n'a eu à ce degré, avec cette abondance, cette force, cette précision, cet éclat, cette grandeur, l'imagination de la forme. La qualité de son esprit ne m'éblouit ni ne me charme, hélas! ou même m'invite à me réfugier dans la pensée délicate ou dans le tendre cœur des poètes qui me sont chers ; mais son verbe m'écrase. « Une âme violente et grossière, » comme il a appelé Louis Veuillot, soit; mais une bouche divine.

Jules Lemaitre.

Ἓν τὸ πᾶν.
Un et tout ; c'est le symbole de la science sacrée des anciens, et c'est aussi l'expression du génie de Victor Hugo.

M Berthelot

On ne saurait avoir la prétention de rien dire de neuf en disant que la faculté maîtresse de Victor Hugo fut l'imagination : une imagination de visionnaire ou de voyant, dans le demi-jour de laquelle les objets, éclairés d'une lumière fantastique, se déformaient démesurément, et une imagination servie par une capacité, une fécondité, une variété d'invention verbale dont je ne crois pas qu'il y ait eu d'exemple en notre langue... Victor Hugo dans notre littérature est peut-être le seul poète qui n'ait jamais reconnu d'autre loi ni subi d'autre servitude que celle de son imagination.

Ferdinand Brunetière.

« .... Il faut que la France entière présente un vaste ensemble, ou, pour mieux dire, un vaste réseau d'ateliers intellectuels : gymnases, lycées, collèges, chaires, bibliothèques, échauffant partout les vocations, éveillant partout les aptitudes ... »

Tel est le programme que traçait Victor Hugo, à la tribune de l'Assemblée législative (1850). Ce sera l'honneur de la République de l'avoir rempli.

A. Fallières

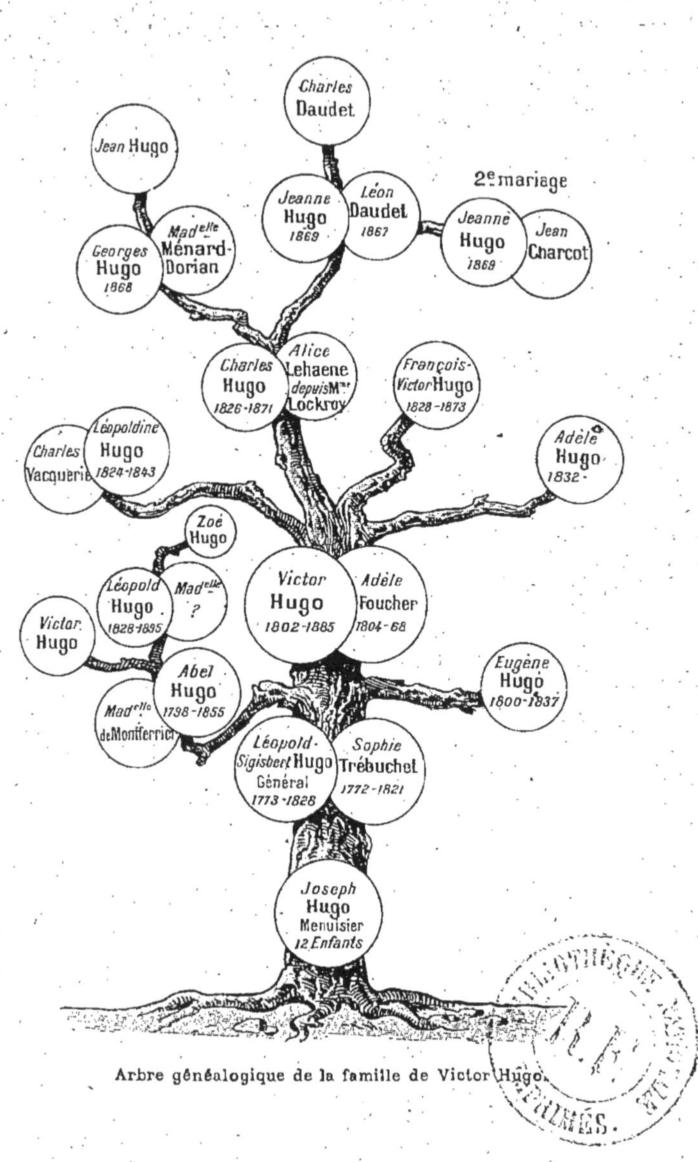

Arbre généalogique de la famille de Victor Hugo.

Paris. — Imp. LAROUSSE, 17, rue Montparnasse.

JE SÈME À TOUT VENT